Rheinisch-Westfälische Akademie der Wissenschaften

Geisteswissenschaften Vorträge · G 294

Herausgegeben von der
Rheinisch-Westfälischen Akademie der Wissenschaften

PAUL MIKAT

Die Polygamiefrage in der frühen Neuzeit

Westdeutscher Verlag

311. Sitzung am 29. April 1987 in Düsseldorf

CIP-Titelaufnahme der Deutschen Bibliothek

Mikat, Paul:
Die Polygamiefrage in der frühen Neuzeit / Paul Mikat. - Opladen: Westd. Verl., 1988
(Vorträge / Rheinisch-Westfälische Akademie der Wissenschaften: Geisteswissenschaften; G 294)
ISBN-13: 978-3-531-07294-4 e-ISBN-13: 978-3-322-88225-7
DOI: 10.1007/978-3-322-88225-7
NE: Rheinisch-Westfälische Akademie der Wissenschaften (Düsseldorf): Vorträge / Geisteswissenschaften

Der Westdeutsche Verlag ist ein Unternehmen der Verlagsgruppe Bertelsmann.

Herstellung: Westdeutscher Verlag

ISSN 0172-2093
ISBN-13: 978-3-531-07294-4

Bernhard Kötting

d. d. d.

Abkürzungen

Coing Hdb.	Handbuch der Quellen und Literatur der neueren europäischen Privatrechtsgeschichte, hg. v. H. Coing, 1973 ff.
CT	Concilium Tridentinum. Diariorum, Actorum, Epistularum, Tractatuum Nova Collectio. Edidit Societas Goerresiana, 1901 ff.
HRG	Handwörterbuch zur deutschen Rechtsgeschichte, 1971 ff.
Lenz	Briefwechsel Landgraf Philipp's des Grossmüthigen von Hessen mit Bucer, hg. und erläutert v. M. Lenz, 3 Theile 1880–1891 (Publikationen aus den K. Preußischen Staatsarchiven, 5. Bd.), Neudruck 1965.
LThK	Lexikon für Theologie und Kirche, 2. Aufl. 1957–1965.
NDB	Neue Deutsche Biographie, 1953 ff.
RAC	Reallexikon für Antike und Christentum, 1941 (1950) ff.
TRE	Theologische Realenzyklopädie, 1977 ff.
WA	D. Martin Luthers Werke, Kritische Gesamtausgabe (Weimarer Ausgabe), 1883 ff.
WAB	D. Martin Luthers Werke, Kritische Gesamtausgabe (Weimarer Ausgabe) Briefwechsel, 1930 ff.
ZRG Germ. Abt.	Zeitschrift der Savigny-Stiftung für Rechtsgeschichte, Germanistische Abteilung, 1863 ff.
ZRG Kan. Abt.	Zeitschrift der Savigny-Stiftung für Rechtsgeschichte, Kanonistische Abteilung, 1911 ff.

I.

1963 hielt FRANZ WIEACKER vor der damaligen Arbeitsgemeinschaft für Forschung des Landes Nordrhein-Westfalen, der heutigen Rheinisch-Westfälischen Akademie der Wissenschaften, seinen vielbeachteten Vortrag „Zum Stand der heutigen Naturrechtsdiskussion“[1]. In der Diskussion, die sich an diesen Vortrag anschloß, kam das Polygamieproblem zur Sprache, von WIEACKER eingeführt als anschauliches Beispiel dafür, daß das Naturrecht „uns im hic et nunc die Aufgabe der Entscheidung für die eine gerechte gegen die anderen unrichtigen Lösungen gar nicht abnehmen“ kann, „wenn es als Norm und nicht als Weisung verstanden wird“[2]. Im einzelnen führte WIEACKER dann aus: „Das drastische Beispiel ist die europäische Einehe. Es ist außer jeder Diskussion, daß in unserem geschichtlichen und gesellschaftlichen Raum, d. h. im kirchlichen und profanen Eherecht und den gesellschaftlichen Wertungen, die aus den Wertaspekten des Christentums hervorgegangen sind, die Einehe nicht nur positives Recht ist, sondern auch in concreto gerechtes Recht: die Doppelehe, die Vielweiberei, der Harem sind heute schlechthin Unrecht. Aber wir wissen auch, daß diese Entscheidung z.B. für den Gerechten des Alten Bundes nicht verbindlich war, und zwar aus tieferen Gründen, als sie irgendein dogmatisches Naturrecht anbieten oder widerlegen könnte. Nicht deswegen ist die Einehe bei uns zwingendes sittliches Gebot und übergesetzliches Recht, weil sie sich schließlich auch in ein Naturrechtssystem einbauen läßt, in dem sie auch denknotwendig ist. Wir sollten vielmehr wie die großen Naturrechtsdenker des Mittelalters und der Neuzeit bis auf Grotius und Pufendorf verfahren und uns ohne Selbsttäuschung eingestehen, daß die Einehe keineswegs überzeitliches außergeschichtliches Recht ist: wir vermissen sie auch bei solchen Völkern, die ersichtlich an sich den Anspruch auf ein Leben in Gerechtigkeit stellten. Wir sollten wie sie den Mut haben, uns zu gestehen, daß kein vorgegebenes Naturrecht uns die Entscheidung unseres christlichen Aions zur Einehe abnehmen oder beglaubigen kann. Es liegt auf der Hand, daß das Engagement für solche Lösungen, bei denen man sich wirklich auf eine evidente moralische Wahrheit jenseits der Geschichtlichkeit unseres Aions berufen kann, kraftvoller und überzeugender

[1] F. WIEACKER, Zum heutigen Stand der Naturrechtsdiskussion, RWAkW G 122, Köln/Opladen 1965.
[2] WIEACKER, a. a. O. S. 32

wird, wenn wir diese Wahrheit nicht für die konkreten geschichtlichen Entscheidungen unseres Aions bemühen"[3].

Daß ein so guter Kenner der Geschichte der theologischen und juristischen Naturrechtsliteratur wie WIEACKER gerade das „drastische Beispiel" der Monogamie, und damit zwangsläufig auch das der Polygamie[4], heranzog, sollte nicht sonderlich überraschen; denn fernab jeder Aktualität hatte seit jeher die Frage nach der naturrechtlichen Fundierung der Monogamie und nach Billigung oder Verwerfung der Polygamie einen gewichtigen Stellenwert in den einschlägigen Diskussionen eingenommen. WIEACKER knüpfte an eine geradezu ehrwürdige Tradition an, in der uns die Namen des AUGUSTINUS, des ALBERTUS MAGNUS und des THOMAS VON AQUIN ebenso begegnen wie die des HUGO GROTIUS, des SAMUEL PUFENDORF und des CHRISTIAN THOMASIUS. Daß freilich in der Naturrechtsdiskussion der frühen Neuzeit eine Verdichtung des Polygamieinteresses festgestellt werden kann, ist unverkennbar, ist nicht zuletzt Ausdruck eines Eheverständnisses, das nach Preisgabe des sakramentalrechtlichen Charakters der Ehe immer stärker hin zu einem rein säkularisierten, profanen Eheverständnis tendierte und schließlich dem Staat den ausschließlichen Kompetenzanspruch zuwies, über Tolerierung oder Verwerfung der Polygamie zu befinden. In diesem Sinne kann dann CARL GOTTLIEB SVAREZ, der Schöpfer des Preußischen Allgemeinen Landrechts von 1794, davon sprechen, daß sich das nach den Landesgesetzen ergangene Polygamieverbot weder auf ein Naturgesetz, noch auf ein göttliches Gesetz gründet; denn in der Natur liege es nicht, daß einem Manne, der hinlänglich Vermögen habe, mehr als eine Frau zu ernähren, und dem die Natur eine Konstitution gegeben habe, die ihm ermögliche, mit mehreren Frauen zugleich die Zwecke des Ehestandes zu erfüllen, die Polygamie nicht erlaubt sein sollte. Aber im Hinblick auf die Proportionen bei den

[3] WIEACKER, a. a. O. S. 32f.

[4] Während heute der Begriff „Polygamie" durchweg die gleichzeitige eheliche Verbindung eines Menschen mit mehreren Personen anderen Geschlechts bezeichnet *(polygamia silmultanea)*, ist vor allem bei älteren Quellen der schon von J. FREISEN, Geschichte des kanonischen Eherechts, 2. Aufl., Paderborn 1893 (Neudruck Aalen/Paderborn 1963), S. 365, gegebene Hinweis zu beachten, wonach wir heute mit dem Begriff „Monogamie" die Einpaarigkeit der ehelichen Verbindung im Gegensatz zur gleichzeitigen Polygamie *(polygamia simultanea)* bezeichnen, die Alten hingegen mit dem Begriff „Monogamie" den Gegensatz zur Wiederverheiratung *(polygamia successiva)* zum Ausdruck bringen. Den Begriff „Polygamie" hat die ältere Zeit ebenfalls nicht im heutigen Sinn, sie gebraucht dafür den Begriff *bigamia*, die dann wieder eingeteilt wird in *bigamia simultanea (= vera)* und *bigamia successiva (= altera)*; zu beachten ist auch die Bedeutungsbreite des Begriffs *digamia*, sei es als bloßes Synonym für *bigamia (bigamia simultanea)*, sei es in eingeschränktem Sinn als Ausdruck für Wiederverheiratung *(bigamia successiva)*, vgl. dazu B. KÖTTING, Art. Digamus, in: RAC, Bd. III, Sp. 1016–1024. – Zur Geschichte der Polygamie vgl. einleitend in rechtshistorischer Sicht P. MIKAT, Art. Polygamie, in: HRG, III. Bd., Sp. 1814–1819 (Lit.) und R. LIEBERWIRTH, Art. Bigamie (Doppelehe), in: HRG, I. Bd., Sp. 420–422; für die ältere Zeit siehe B. KÖTTING, Die Beurteilung der zweiten Ehe im heidnischen und christlichen Altertum, theol. Diss. (masch.), Bonn 1942 sowie B. KÖTTING u. TH. HOPFNER, Art. Bigamie, in: RAC, Bd. II, Sp. 282–286.

Geburten in den verschiedenen Bevölkerungsklassen (Gefahr der Entvölkerung bei den niederen Klassen) und auf Ruhe und Eintracht in den Familien sah SVAREZ im staatlichen Polygamieverbot ein „sehr weises und wichtiges Staatsgesetz", von dem aber, was keinem Zweifel unterworfen sei, in außerordentlichen Fällen der Landesherr dispensieren könne[5].

Wenn Sachregister einigermaßen verläßliche Indikatoren für Rang oder Stellenwert sind, dann belehrt ein Blick in die Sachregister der Hand- und Lehrbücher der deutschen Rechtsgeschichte, daß es sich bei der Polygamie (bzw. der Mehr- oder Vielehe) allenfalls um ein rechtshistorisches Randproblem handelt. Den Abscheu der Romantik gegenüber polygamen Verbindungen vermeinen wir bei JACOB GRIMM herauszuhören, der lapidar feststellt: „Vielweiberei widerstrebte der reinheit deutscher sitte und nur von fürsten kennt das alterthum beispiele"[6]. Wir werden heute nüchtern auf die Interdependenz der Ehe- und Familienstruktur mit elementaren Wirtschaftsbedingungen hinweisen[7], die den Schluß nahelegt, daß bei den Germanen bereits in vorchristlicher Zeit die Einehe Regelform war, wiewohl Polygamie vor allem beim Adel anzutreffen war[8]; das Christentum allerdings

[5] Vorträge über Recht und Staat von CARL GOTTLIEB SVAREZ (1746–1798), hg. v. H. CONRAD u. G. KLEINHEYER, RWAkW Abh 10, Köln/Opladen 1960, S. 320.

[6] J. GRIMM, Deutsche Rechtsalterthümer, Bd. I, 4. Aufl., Leipzig 1899, S. 607f. Auch für GRIMM ist *locus classicus* die Mitteilung des Tacitus in cap. XVIII der Germania: *„Nam prope soli barbarorum singulis uxoribus contenti sunt, exceptis admodum paucis, qui non libidine sed ob nobilitatem plurimis nuptiis ambiuntur"*.

[7] „Grundlage der germanischen Sozialstruktur war die Kleinfamilie, wie historische und archäologische Quellen gleichermaßen aussagen. Die ersteren bezeugen eindeutig die Einehe; der Besitz mehrerer Frauen wird ausdrücklich als politisch bedingter Ausnahmefall innerhalb der Führungsschicht bezeichnet. Die Siedlungsverhältnisse lassen deutlich erkennen, daß die Familie Lebens- und Wirtschaftseinheit war", so G. MILDENBERGER, Sozial- und Kulturgeschichte der Germanen. Von den Anfängen bis zur Völkerwanderungszeit, Stuttgart 1972, S. 63.

[8] Auf eine etwas stärkere Verbreitung lassen Quellen aus dem nordgermanischen Bereich schließen, doch ist bei den Polygamiestellen der Sagaliteratur, so z.B. bei den oft herangezogenen Belegen aus der Njáls saga Vorsicht geboten, da es sich nicht um Belege aus Gesetzen oder Rechtsbüchern handelt, sondern um solche aus Erzählungen, die nicht primär wirklichkeitsspiegelnde Überlieferung anstreben. Schwerlich läßt sich die Frage nach der germanischen Polygamie ohne eine genaue Differenzierung der einzelnen Eheformen (Muntehe, Friedelehe) und geschlechtlichen Verbindungen (Kebsverhältnisse, Konkubinate) beantworten. Schichten wir Kebsverhältnisse, Konkubinate und nur für eine mehr oder weniger kurze Zeit eingegangenen Geschlechtsverbindungen ab, reduzieren wir also den Polygamiebegriff auf den Kreis der Munt- und Friedelehen, so trifft die Einehe als Regelform überall im germanischen Raum stärker in Erscheinung. Dem entspricht durchaus die Feststellung H. KUHNS, Das alte Island, Düsseldorf/Köln 1971, S. 89, daß in Island, und nicht nur dort, zwar in der Form die Einehe herrschte, der Mann sich aber neben seiner Ehefrau noch eine oder mehrere andere Frauen halten durfte, als Nebenfrauen oder bloße Beischläferinnen, für kurze oder lange Zeit, ganz wie es ihm gefiel. Und im Hinblick auf den eherechtlichen Quellenwert der Sagas als Dichtwerke merkt KUHN, a.a.O. S. 91f an: „In welchem Maße solche Verhältnisse in Island damals neben der Ehe vorgekommen sind, entzieht sich unserer Einsicht. Denn die Quellen pflegen nur solche Fälle zu erwähnen, die auf den Handlungslauf Einfluß hatten oder aus denen eine wichtigere Person der Erzählung hervorgegangen ist". – Recht hoch veranschlagt, leider ohne Quellennachweise im einzelnen, F. D. LOGAN, Die

sicherte dann der monogamen Eheform in einem zähen Kampf gegen Friedelehen und Konkubinate den ausnahmslosen Geltungsanspruch[9].

Charakteristisch ist, daß die patristischen und scholastischen Erörterungen über das Für und Wider der Polygamie (– und zwar in der hauptsächlichen Form der *polygynia simultanea* –) durchweg nicht im Kontext einer akuten Frontstellung gegen mehr oder wenig häufige Vielweiberei stehen, sondern dem Bereich der theologischen und juristischen Reflexionen über das Wesen der Ehe zugehören, ganz abgesehen davon, daß vor allem in der Naturrechtsliteratur der frühen Neuzeit die Polygamie als anschauliches Demonstrationsbeispiel für höchst unterschiedliche naturrechtliche Beweisführungen nicht selten herangezogen wurde.

Stephan Buchholz weist in seinem Beitrag *Erunt tres aut quattuor in carne una*[10], der wichtige Stationen der neuzeitlichen Polygamiediskussion in klaren Konturen vorstellt, darauf hin, daß der offensichtliche Gegensatz, der das reichhaltige Polygamieschrifttum von der geltenden Sozialnorm schied, den bevorzugten Ansatz dafür bieten sollte, „daß am Gegenstand der Polygamie bestimmte Grundfragen zum Schriftverständnis, zum Verhältnis von ‚lex vetus' und ‚lex nova', zur Ent-

Wikinger in der Geschichte, Stuttgart 1987, S. 23f, den Stellenwert der Polygamie im nordgermanischen Bereich. Nach ihm „muß die Polygamie in einer Männergesellschaft wie der wikingischen, in der ein Mann sich mehrere Frauen neben- und nacheinander halten durfte, als ein wichtiger, wenn nicht beherrschender Faktor im Bevölkerungsbild angesehen werden", a. a. O. S. 24.

[9] Bemerkenswert ist das Fehlen einschlägiger Polygamieverbote in den Volksrechten und besonders in den Kanones der merowingisch-fränkischen Synoden; vgl. P. Mikat, Dotierte Ehe-rechte Ehe. Zur Entwicklung des Eheschließungsrechts in fränkischer Zeit, RWAkW G 227, Opladen 1978, S. 62ff. Noch im Sachsenspiegel finden polygame bzw. bigamistische Tatbestände keine Erwähnung, erst seit der Mitte des 13. Jahrhunderts kommen (– dann aber gehäuft –) Strafbestimmungen auf, größere Mobilität der Bevölkerung begünstigte das Eingehen bigamistischer Verbindungen. Zutreffend weist R. Lieberwirth, a. a. O., Sp. 420 darauf hin, daß im Mittelalter Doppelehen als ungewollte Folge der kirchlichen Lehre vom Ehekonsens verhältnismäßig leicht eingegangen werden konnten „und gerade in den Städten zu einer sittlichen Gefahr zu werden" drohten. Zu den einzelnen Strafbestimmungen gegen Bigamie vgl. R. His, Das Strafrecht des deutschen Mittelalters, 2. Teil: Die einzelnen Verbrechen, Weimar 1935, S. 172f.

[10] St. Buchholz, Erunt tres aut quattuor in carne una. Aspekte der neuzeitlichen Polygamiediskussion, in: Zur Geschichte des Familien- und Erbrechts. Untersuchungen und Perspektiven, hg. v. H. Mohnhaupt, Frankfurt 1987 (Ius Commune Sonderheft 32), S. 71–91 (im folgenden = Buchholz, Erunt tres). – Besonders hingewiesen sei auf die jetzt vorliegende Bochumer Habilitationsschrift von St. Buchholz, Recht, Religion und Ehe. Orientierungswandel und gelehrte Kontroversen im Übergang vom 17. zum 18. Jahrhundert, Frankfurt 1988 (Ius Commune Sonderheft 36; im folgenden = Buchholz, Recht, Religion). In dieser nicht nur für die Eherechtsgeschichte ertragreichen Untersuchung wird auf der Grundlage eines reichhaltigen Quellenmaterials in verschiedenen Zusammenhängen auch auf das Polygamieproblem Bezug genommen. Eine vertiefende Erörterung erfolgt vor allem an Hand eines exemplarischen Einzelfalles, einer juristisch-theologischen Kontroverse, die in den Jahren 1713/14 in Danzig ausgetragen wurde; dazu das 4. Kapitel, bes. S. 386–406. Die Arbeit von Buchholz besticht nicht zuletzt durch die Breite des Blickfeldes, sie zeichnet sich durch umfassende Einbeziehung des zeitgenössischen philosophischen, theologischen und juristischen Schrifttums aus.

wicklung der Rechtsquellenlehre, zur Verbindung von theologischem Dogma und weltlicher Moralnorm geklärt werden konnten"[11]. Und prägnant versieht BUCHHOLZ eine von den Kirchenvätern bis zur Spätscholastik verlaufende Polygamiediskussion mit der Feststellung: „Daß die Polygamieerörterungen im christlichen Monogamiegebot aufgehoben blieben, nahm ihnen jede aktuelle Schärfe"[12].

Für die Kirche stand von Anfang an das Monogamiegebot außer Frage, und unabhängig davon, ob „Jesu Worte über die Scheidung die Vielehe als legitim voraussetzen, gleichzeitig aber in einer inneren Spannung zu ihr stehen", wie HEINRICH GREEVEN anmerkt[13], ist das Fehlen eines ausdrücklichen Verbots der Polygamie im Neuen Testament von der kirchlichen Tradition stets im Sinne einer gleichsam selbstverständlichen, ausnahmslosen Geltung der Monogamie gedeutet worden, wiewohl sie in der Schrift, im Alten Testament, polygame Verbindungen, so vor allem solche der Patriarchen und Könige, vielfach bezeugt fand[14]. Aber nicht die simultane, sondern die sukzessive Polygamie, also die Wiederverheiratung nach Tod oder Scheidung, sollte zu einem eherechtlichen Kardinalproblem der jungen Kirche werden[15], an dem sich vor allem altchristlicher Rigorismus entzünden konnte[16]. Mochte es im Judentum der ersten nachchristlichen Jahrhunderte auch noch legitime polygame Ehen geben[17], für die Kirche sollte entscheidend sein, daß sie in der griechisch-römischen Umwelt auf ein monogam bestimmtes Eherecht und auf ein entsprechendes Eheethos traf, die ihrer Eheauffassung entgegenkamen und somit keinen sonderlichen Ansatzpunkt für gravierende Polygamieausein-

[11] BUCHHOLZ, Erunt tres, S. 71; ferner *ders.*, Recht, Religion, S. 382ff.

[12] BUCHHOLZ, Erunt tres, S. 71

[13] H. GREEVEN, Ehe nach dem Neuen Testament, in: Theologie der Ehe, hg. v. G. KREMS u. R. MUMM, Regensburg/Göttingen 1969, S. 38.

[14] Vgl. Gen 4,19–25; 16,2; 25,6; 29,15–30; 30,4–9; Deut 17,17 (Warnung an Könige, sich nicht zu viele Frauen zu nehmen); Ri 8,30; 2 Sam 5,13; 1 Kg 11,1–8; vgl. dazu F. NÖTSCHER, Biblische Altertumskunde, Bonn 1940, S. 86f.

[15] Vgl. B. KÖTTING, Art. Digamus, in: RAC, Bd. III, Sp. 1020ff (Lit.) sowie den Überblick bei G. H. JOYCE, Die christliche Ehe. Eine geschichtliche und dogmatische Studie, Leipzig 1934, S. 492ff, besonders aber im Anmerkungsteil die reichhaltigen Belege S. 635ff.

[16] Bezeichnend dafür TERTULLIAN, der nach seiner Hinwendung zum Montanismus in seiner Schrift *De exhortatione castitatis*, c. 5, schreibt: „*Ad legem semel iubendi dirigendam, ipsa origo humani generis patrocinatur, contestans quid Deus in primordio constituerit, in formam posteritati recensendam. Nam cum hominem figurasset, eique parem necessariam prospexisset, unam de costis eius mutuatus unam ei feminam finxit; cum utique nec artifex nec materia defecisset, plures costae in Adam et infatigabiles manus in Deo, sed non plures uxores apud Deum ... Primus Lamech duabus maritatus tres in unam carnem effecit*". Vgl. dazu auch TERTULLIANS Ausführungen in „De monogamia", c. 4. Die Anerkennung der Wiederverheiratung wurde mitunter sogar zum Abgrenzungskriterium gegenüber häretischen Bewegungen (z. B. Montanismus und Novotianismus), vgl. die Nachweise bei KÖTTING, a. a. O. (Anm. 15), Sp. 1023f.

[17] Vgl. dazu H. L. STRACK u. P. BILLERBECK, Kommentar zum Neuen Testament aus Talmud und Midrasch, 3. Bd. Die Briefe des Neuen Testaments und die Offenbarung des Johannis, 6. Aufl., München 1975, S. 647f.

andersetzungen boten. Generell läßt sich festhalten: das Polygamiethema blieb stets ein Randthema, wurde zwar über Jahrhunderte hinweg mehr oder weniger ausführlich traktiert, wurde aber niemals zum theologischen oder juristischen Zentralthema. Gleich, ob die Kirchenväter nun nach Sündhaftigkeit oder göttlicher Billigung der Polygamie der Patriarchen fragen[18], oder die Theologen des Mittelalters am Beispiel der alttestamentarischen Polygamie die Frage erörtern, ob die Natur dem Menschen die Einehe als wahre, ausschließliche Eheform gebiete[19], und im Hinblick auf die Polygamie THOMAS VON AQUIN auch seine Lehre vom primären und sekundären Naturrecht bemüht[20]: niemals geht es um Preisgabe der Monogamie, und, worauf wir noch im folgenden kurz eingehen werden, grundsätzlich änderte daran, trotz Wiedertäuferbewegung und hessischer Doppelehe[21],

[18] Stets wiederkehrendes Argument für die Polygamie der Patriarchen war, daß Gott um der Vermehrung des Menschengeschlechts willen die Polygamie anfänglich zugelassen habe. Besonderen Einfluß für die Folgezeit sollte auch auf diesem Gebiet AUGUSTINUS erlangen, der die Polygamie der Erzväter nicht für *contra naturam* hielt. So heißt es bei ihm in seinem gegen den Manichäismus um 397 verfaßten Werk *Contra Faustum Manichaeum*, lib. XXI, c. 47: „*Iam vero filio eius Iacob quod pro ingenti crimine quatuor obiiciuntur uxores, generali praelocutione purgatur. Quando enim mos erat, crimen non erat: et nunc propterea crimen est, quia mos non est. Alia enim sunt peccata contra naturam, alia contra mores, alia contra praecepta. Si naturam consulas, non lasciviendi sed gignendi causa illis mulieribus utebatur: so morem, illo tempore atque in illis terris hoc factitabatur; si praeceptum, nulla lege prohibebatur*". In dem für die abendländische Bildungsgeschichte wichtigen Werk *De doctrina christiana* (verfaßt ca. 396–426), schreibt er: „*Sufficiendae prolis causa erat uxorum plurium uni viro habendarum inculpabilis consuetudo*" (lib. III, c. 12), und geradezu eine Zusammenfassung seiner Beurteilung der Polygamie im Alten Testament gibt er in seinem geschichtstheologischen Hauptwerk *De civitate dei* (verfaßt 413–426) in lib. XVI, c. 38: „*Perrexit ergo Iacob in Mesopotamiam, ut inde acciperet uxorem. Unde autem illi acciderit quattuor habere feminas, de quibus duodecim filios et unam filiam procreavit, cum earum nullam concupisset inlicite, indicat scriptura divina. Ad unam quippe acciendam venerat; sed cum illi latera (pro altera) supposita fuisset, nec ipsam dimisit, qua nesciens usus fuerat in nocte, ne ludibrio eam videretur habuisse, et eo tempore, quando multiplicandae posteritatis causa plures uxores lex nulla prohibebat, accepit etiam illam, cui uni iam futuri coniugii fidem fecerat. Quae cum esset sterilis, ancillam suam, de qua filios ipsa susciperet, marito dedit; quod etiam maior soror eius, quamvis peperisset, imitata, quoniam multiplicare prolem cupiebat, effecit. Nullam Iacob legitur petisse praeter unam, nec usus plurimis nisi gignendae prolis officio, coniugali iure servato, ut neque hoc faceret, nisi uxores eius id fieri flagitassent, quae corporis viri sui habebant legitimam potestatem. Genuit ergo duodecim filios et unam filiam ex quattuor mulieribus*". Vgl. auch J. PETERS, Die Ehe nach der Lehre des hl. Augustinus, Paderborn 1918, S. 19ff sowie JOYCE, a. a. O. S. 495f.

[19] Bei der Bewertung der Polygamie der Erzväter Israels durch die mittelalterlichen Theologen zeigt sich der nachhaltige Einfluß des AUGUSTINUS, vgl. für die Frühscholastik jetzt H. ZEIMENTZ, Ehe nach der Lehre der Frühscholastik. Eine moralgeschichtliche Untersuchung zur Anthropologie und Theologie der Ehe in der Schule Anselms von Laon und Wilhelm von Champeaux, bei Hugo von St. Viktor, Walter von Mortagne und Petrus Lombardus, Düsseldorf 1973, S. 145, 149, 174; ferner H. J. F. REINHARDT, Die Ehelehre der Schule des Anselm von Laon. Eine theologie- und kirchenrechtsgeschichtliche Untersuchung zu den Ehetexten der frühen Pariser Schule des 12. Jahrhunderts, Münster 1974, S. 43, 112f. Für ALBERTUS MAGNUS siehe L. BRANDL, Die Sexualethik des hl. Albertus Magnus, Regensburg 1955, S. 293f.

[20] Vgl. J. FUCHS, Die Sexualethik des hl. Thomas von Aquin, Köln 1949, S. 168f, 295f.

[21] Siehe unten S. 18.

auch die Reformation nichts. Die polygamen Verbindungen der biblischen Erzväter bildeten den Nukleus der gesamten abendländischen Polygamiediskussion. Fiel die sakramentaltheologische Verfestigung und Überhöhung des Monogamieprinzips, so konnte dieser Nukleus auch Ausgangspunkt für Tendenzen werden, die dieses Prinzip in Frage stellten. CHRISTIAN AUGUST VON BECK, dem der Rechtsunterricht des späteren Kaisers Joseph II. oblag, rechtfertigte die Befugnis des Gesetzgebers, zum Besten des Staates Ausnahmen vom Polygamieverbot zu machen, mit dem ausdrücklichen Hinweis auf die von Gott erteilten Ausnahmen „bei den Israeliten wegen der Polygamie“[22].

II.

„Straff des übels das inn gestalt zwifacher ehe geschicht“, mit dieser Überschrift versehen bestimmt Art. 121 der 1532 auf dem Reichstag zu Regensburg „aufgerichteten und beschlossenen“ Peinlichen Gerichtsordnung Kaiser Karls V.: „Item so eyn ehemann eyn ander weib, oder eyn eheweib eyn andern mann, inn gestalt der heyligen ehe bei leben des ersten ehegesellen nimt, welche übelthat dann auch ein ehebruch vnd größer dann das selbig laster ist, vnd wiewol die Keyserlichen recht, auff solch übelthat keyn straff am leben setzen So wollen wir doch welcher solchs lasters betrüglicher weiß, mit wissen vnd willen vrsach gibt vnnd volnbringt, daß die nit weniger dann die ehebrüchigen peinlich gestrafft werden sollen“. Diese Bestimmung der Carolina, die erste reichsrechtliche Pönalisierung der Bigamie, erging zu einer Zeit, als eine recht lebhafte Polygamiediskussion im Zuge der Reformation eingesetzt hatte. Zwar war, wie wir in der Einleitung kurz aufgezeigt haben, die Polygamiefrage vornehmlich als ehetheologisches Randproblem seit eh und je erörtert worden, aber eine Polygamiediskussion mit aktuellem eherechtlichen Bezug, eine Diskussion, in der konträre Positionen als Ausdruck persönlicher Überzeugungen z. T. schroff aufeinandertrafen, begegnet uns erst in der Reformationszeit nach dem Zerbrechen der sakramentaltheologischen und sakramentalrechtlichen Klammern, die bis zur Reformation das Eherecht gehalten hatten. Der Wegfall dieser Klammern und des eherechtlichen Kompetenzanspruchs

22 Recht und Verfassung des Reiches in der Zeit Maria Theresias. Die Vorträge zum Unterricht des Erzherzogs Joseph im Natur- und Völkerrecht sowie im deutschen Staats- und Lehnrecht, hg. v. H. CONRAD, RWAkW Abh 28, Köln/Opladen 1964, S. 242. Nach v. BECK kann „ein Gesetzgeber wider das göttliche geoffenbarte oder natürliche Recht nichts befehlen, aber wohl Ausnahmen oder Zusätze machen und Sachen verordnen ..., die in jenen nicht enthalten sind und dennoch zum Besten des Staates gereichen“. Diese These versieht dann v. BECK mit dem Argument: „Gott selbst hat Ausnahmen gemacht, salva lege, z. B. bei dem Kain wegen des Totschlages, bei den Israeliten wegen der Polygamie“.

der Kirche, der sich in einer umfassenden Ehejurisdiktionsgewalt konkretisiert und verdichtet hatte, entließ die Ehe freilich nicht in den Bereich menschlicher Beliebigkeit und Willkür. In den protestantischen Territorien und Städten, wo jetzt Ehegesetzgebung und Ehejurisdiktion der weltlichen Gewalt zufielen, bleibt die Ehe als *matrimonium institutum a deo* gebunden an Gottes Wort, dem auch die weltliche Gewalt verpflichtet ist[23]. Gerade die strikte Bindung an Gottes Wort sollte nun aber bei zwei eherechtlichen Kernfragen zu schwerwiegenden Konflikten führen: bei der Frage nach der Monogamie und bei der Frage nach der Scheidungsmöglichkeit[24]. In LUTHERS und der Reformatoren Stellungnahmen zu diesen Fragen spiegeln sich Probleme der Schriftauslegung; denn Gottes Wort, also „die Schrift", eröffnete selbst den Weg zu Ausnahmen von Grundsätzen, so die Unzuchtsklauseln Matth 5,32; 19,9[25] und die polygamen Verbindungen von Patriarchen wie Abraham und Jakob[26]. Daß die Polygamiefrage auch nicht annähernd die Dimension der Scheidungsfrage erlangte, vielmehr alles in allem doch Marginalie blieb, bestätigt die tiefe Verwurzelung der Monogamie in unserem Kulturkreis, hingegen die ausnahmslose Geltung des Unauflöslichkeitsprinzips stets in nach Ausnahmen drängender Spannung zu von Schuld und Tragik geprä-

[23] Vgl. P. MIKAT, Rechtsgeschichtliche und rechtspolitische Erwägungen zum Zerrüttungsprinzip, in: P. MIKAT, Religionsrechtliche Schriften. Abhandlungen zum Staatskirchenrecht und Eherecht, hg. v. J. LISTL, 2. Halbbd., Berlin 1974, S. 925 ff (im folgenden = MIKAT, Zerrüttungsprinzip).

[24] Vgl. zum ganzen Problemkreis J. HECKEL, Lex Charitatis. Eine juristische Untersuchung über das Recht in der Theologie Martin Luthers, 2. Aufl. hg. v. M. HECKEL, Köln/Wien 1973, S. 151 ff; H. DIETERICH, Das protestantische Eherecht in Deutschland bis zur Mitte des 17. Jahrhunderts, München 1970, bes. S. 50 ff sowie O. LÄTHEENMÄKI, Sexus und Ehe bei Martin Luther (Schriften der Agricola-Gesellschaft 10), Turku 1955, S. 69 ff.

[25] Matth 5,32: „Ich aber sage euch: Wer sich von seiner Frau scheidet, es sei denn wegen Ehebruchs, der macht, daß sie die Ehe bricht; und wer eine Geschiedene freit, der bricht die Ehe". Matth 19,9: „Ich aber sage euch: Wer sich von seiner Frau scheidet, es sei denn um der Hurerei willen, und freit eine andere, der bricht die Ehe".

[26] Zu beachten ist der theologische Kontext, in dem Abraham, Isaak und Jakob, die Stammväter Israels, stehen. Vornehmlich Abraham, der „Vater Israels", mit dem Jahwe den Bundesschluß vollzog, gilt in der Schrift als Prototyp des Gläubigen und Gehorsamen, vgl. Röm 4,1–12. In einer Predigt über das erste Buch Mose, gehalten am 21. September 1523, thematisierte LUTHER die Polygamie Abrahams, von dem er sagt: „*Abraham verus Christianus fuit et spiritu plenus, darumb muß sein werck lassen ghen, das es mag ein exempel sein, wo es sein sol. ‚Quomodo tamen fuit Christianus, cum tantum unam debeat habere'? Dicunt simpliciter hoc subrogatum in Euangelio Unam uxorem ad hanc sequendam. Sed hoc non satis est, quia oportet nos sic respondere, ut bene muniamus contra adversarios. Nam quae acta sunt a patribus, illa sunt libera i. e. possunt vel non possunt sine peccato agi, ut de agnu paschalis esu Et circumcisione et aliis. In iis non ponenda fidutia, sic relinquenda exempla patrum, ut sint libera, sic item cum uxoribus. Abraham non ducit uxorem nisi iubente uxore, weyter treyben seyn exempel nicht. Conclusio: ubi non sunt Christiani, velim usus harum libertatum esset, ut duceret aliam et relinqueret aliam. Christus sustulit illud. Ubi igitur malus vir et femina non esset Christianus, tum deberet hoc permitti, sed hoc addendum ‚Iam non estis Christiani, qui hoc facitis'. Sed certe ego non possem tueri non esse plures ducendas, licet ego fieri nolim. Non est dicendum, quod non liceat. Certe licet, scriptura non prohibet*", WA XIV, 252 f.

ten Schicksalen und zu individuellen ehelichen Konfliktlagen stand[27]. Ausnahmen aber tendieren zu Ausweitungen und Analogien, wie nicht zuletzt die Entwicklung der reformatorischen Ehescheidungsauffassungen mit der bald einsetzenden Aufspaltung in eine „strenge" und eine „milde" Richtung zeigt[28].

Ist von der Polygamiefrage in der Reformationszeit die Rede, so meist in einem Atemzuge mit der Doppelehe des Landgrafen Philipp von Hessen (1504–1567), der, trotz seit 1523 bestehender Ehe mit der Herzogin Christina von Sachsen, eine weitere Ehe mit der auf Heirat so sehr bedachten Hofdame Margarete von der Saale schloß. In dem berühmten, von LUTHER, MELANCHTHON und anderen Reformatoren am 10. Dezember 1539 in Wittenberg erteilten „Beichtrat"[29] wurde Philipp

[27] Vgl. P. MIKAT, Möglichkeiten und Grenzen einer Leitbildfunktion des bürgerlichen Ehescheidungsrechts, in: P. MIKAT, Religionsrechtliche Schriften. Abhandlungen zum Staatskirchenrecht und Eherecht, hg. v. J. LISTL, 2. Halbbd., Berlin 1974, S. 1076ff.

[28] Vgl. dazu MIKAT, Zerrüttungsprinzip S. 931ff.

[29] WAB 8, 638–643. Der Beichtrat bekräftigt durchaus das Schriftwort *„Erunt duo in carne una"*, lehnt daher die Einführung eines die Polygamie erlaubenden Gesetzes ausdrücklich ab, hält aber eine *dispensatio* für zulässig. Die recht verklausuliert gegebene Dispensation wird mit der Auflage verbunden, daß die Eheschließung heimlich gehalten werden soll: „Wo nu E.f.g. daruff entlich beschliessen, noch ein Eheweib zu haben, so bedenken wir, das solchs heimlich zu halden, wie von der dispensation droben gesagt, nemlich das E. f. g. vnd dieselbige person, mit etlich vertrawten personen wissten E. f. g. gemut vnd gewissen beicht weiß", WAB 8, 643. Der entscheidende Passus im Beichtrat, der zugleich zeigt, daß die Wittenberger sich des Skandalons im eigenen evangelischen Lager durchaus bewußt waren, lautet: „Dweil es aber dem Ersten anfang vnd der schöpfung gemesß ist, das ein mann nicht mehr denn ein weib habe, ist solch gesetz loblich vnd also In der kirchen angenommen, vnd ist nicht dagegen ein ander gesetz zu machen oder vffzurichten, Denn Christus erholet disen spruch: ‚Erunt duo in carne vna', Matth. 19, vnd erinnert vns, wie die erstlich vor menschlicher suacheit gewesen sein sollt. – Das aber ettwa In einem fall ein dispensation gebraucht wurde, als, so ettlich in frembder nation gefangen, da gefreyet haben, vnd widerumb ledig worden vnd yhr weiber mit bracht, Item, so langwirige suacheit vrsach geben u., wie von den Aussetzigen bey weilen bedacht worden, so In solchen fellen der man noch ein weib neme, mit radt seines Pastors, nicht ein gesetz ein zu furen, sondern seiner nottdurfft zu radten, disen wißten wir nicht zu verdammen. – Dweil nu ein ander ding ist, ein gesetz ein zu fuhren, vnd ein anders, ein dispensatio zu brauchen, so bitten wir unterthenigklich, E.f.g. wollen bedenken – Erstlich, das In alle weg zu verhuten, das dise sach nicht In die welt offentlich zu bringen als ein gesetz, dem meniglich also zu volgen macht habe, – Zum andern, dweil es khein gesetz sein soll, sondern ein dispensation, so wollen E.f.g. auch das Ergernus bedenken, nemlich, das die feind des Evangelij schreien wurden, wir weren gleich den widderteufern, die zu gleich viel weiber genommen", WAB 8, 640f. – Hier sei angemerkt, daß die Berufung auf einen früheren Dispensationsfall („Das aber ettwa In einem fall ein dispensation gebraucht wurde, als, so ettlich In frembder nation gefangen, da gefreyet haben, vnd widerumb ledig worden vnd yhr weiber mit bracht ...", WAB 8, 640) einen Hinweis aufgreift, den Philipp von Hessen in seiner „Heiratsinstruktion" an Martin Bucer („Was Doctor Marthinus Bucerus an D. Marthinum Lutherum vnd Philippum Melanthonem werben soll, vnd Im fall, do sies vor gut ansicht, darnach weither an Churfursten", WAB 8, 631–635) bemüht. Die Kunde von einer angeblichen päpstlichen Bigamieerlaubnis verband sich mit einer heute im Erfurter Dom (früher auf dem Petersberg bei Erfurt) befindlichen Grabplatte, die einen Ritter, vermutlich Graf Lambert II. von Gleichen († 1227) oder dessen Bruder Ernst III. († nach 1228), zwischen zwei Frauen abbildet. Will die unter Einfluß des Naumburger Meisters im 13. Jahrhundert entstandene Darstellung wahrscheinlich nur besagen, daß der Witwer nach dem Tode seiner ersten Frau noch einmal heiratete, so konnte sie doch leicht als Zeugnis

„Dispens" für eine heimliche Zweitehe erteilt. Die Eheschließung fand am 4. März 1540 in Rotenburg an der Fulda statt, Melanchthon, Bucer und Vertreter des Kurfürsten von Sachsen waren zugegen, die Landgräfin, also die erste Ehefrau, die Philipp immerhin zehn Kinder schenkte (bis 1539 sieben, und noch nach Schließung der Zweitehe drei[30]), hatte zugestimmt[31]. Daß die Angelegenheit nicht geheim bleiben konnte, lag auf der Hand, war auch vom Landgrafen im Gegensatz zu den beteiligten Wittenberger Reformatoren nicht beabsichtigt.

„Der erste politische Vorkämpfer des deutschen Protestantismus war mit Erlaubnis Luthers und Melanchthons Bigamist"[32]. Mit dieser lapidaren Feststel-

für eine bigamistische Verbindung umgedeutet werden. Nach F. Zoepfl, Art. Gleichen Graf v., in: LThK 4. Bd., Sp. 958, wurde die Sage vermutlich zur „Entlastung der Doppelehe des Landgrafen Philipp v. Hessen erfunden, viell. in Anlehnung an eine spät-ma. frz. Erzählung v. dem Ritter Gillion de Trasegnies". Sie sicherte sich schnell ihren Platz in Märchen- und Sagensammlungen, der junge Goethe greift sie in seinem 1775 vollendeten Drama „Stella. Ein Schauspiel für Liebende" auf („Und Gott im Himmel freute sich der Liebe, und sein heiliger Statthalter sprach seinen Seegen dazu. Und ihr Glück, und ihre Liebe faßte seelig Eine Wohnung, Ein Bett, und ein Grab") und die Brüder Grimm nahmen sie auf in ihre Sammlung „Deutsche Sagen", hier finden wir die nach unserer Meinung sprachlich schönste Fassung der berühmten Bigamiesage: „Graf Ludwig von Gleichen zog im Jahr 1227 mit gegen die Ungläubigen, wurde aber gefangen und in die Knechtschaft geführt. Da er seinen Stand verbarg, mußte er gleich den übrigen Sklaven die schwersten Arbeiten tun, bis er endlich der schönen Tochter des Sultans in die Augen fiel wegen seiner besonderen Geschicklichkeit und Anmut zu allen Dingen, so daß ihr Herz von Liebe entzündet wurde. Durch seinen mitgefangenen Diener erfuhr sie seinen Stand, und nachdem sie mehrere Jahre vertraulich mit ihm gelebt, verhieß sie, ihn frei zu machen und mit großen Schätzen zu begaben, wenn er sie zur Ehe nehmen wolle. Graf Ludwig hatte eine Gemahlin mit zwei Kindern zu Haus gelassen; doch siegte die Liebe zur Freiheit, und er sagte ihr alles zu, indem er des Papstes und seiner ersten Gemahlin Einwilligung zu erwirken hoffte. Glücklich entflohen sie darauf, langten in der Christenheit an, und der Papst, indem sich die schöne Heidin taufen ließ, willfahrte der gewünschten Vermählung. Beide reisten nach Thüringen, wo sie im Jahre 1249 ankamen. Der Ort bei Gleichen, wo die beiden Gemahlinnen zuerst zusammentrafen, wurde das Freudental benannt, und noch steht dabei ein Haus dieses Namens. Man zeigt noch das dreischläfrige Bett mit rundgewölbtem Himmel, grün angestrichen; auch zu Tonna den türkischen Bund und das goldene Kreuz der Sarazenin. Der Weg, den sie zu der Burg pflastern ließ, heißt bis auf den heutigen Tag der Türkenweg. Die Burggrafen von Kirchberg besitzen auf Farrenrode, ihrer Burg bei Eisenach, alte Tapeten, worauf die Geschichte eingewirkt ist. Auf dem Petersberge zu Erfurt liegen die drei Gemahle begraben, und ihre Bilder sind auf dem Grabsteine ausgehauen", in: Deutsche Sagen, hg. v. den Brüdern Grimm, Ausg. nach dem Text der 3. Aufl. v. 1891 (1. Aufl. 1816 und 1818), München 1981, S. 582.

30 Siehe im einzelnen die Nachweise bei W. W. Rockwell, Die Doppelehe des Landgrafen Philipp von Hessen, Marburg 1904, S. 32.

31 Vgl. Rockwell, a. a. O. S. 31f. Am 11. Dezember 1539 dankte der Landgraf seiner Gemahlin für die Einwilligung in die Bigamie. Er führt u. a. aus: „Wir Philips, von Gots gnaden landgrave zu Hessen, ... bekennen offentlich: nachdem die hochgeporne fürstin, unser freundtliche liebe gemal, fraue Christina ... frundtlich zugelassen hat, das wir noch ein eheweib haben mogen, wilchs wir uns gegen irrer liebten uffs hochst und frundtlichst bedancken, so gereden und vorsprechen wir auch irrer liebten hiemit wiederumb bei unsern treuen und glauben und forstlichen erren, das wir irre liebte forr unser erste und oberste gemall halten, ehren und fur augen habben wollen, auch irre liebte mit frundtlichkeit und beischlaffen und allem frundtlichem wesen, wie sich das tzwuschen eheleuten gepurret ...", Lenz, I, S. 358f.

32 Rockwell, a. a. O. S. 1.

lung leitet WILLIAM W. ROCKWELL seine quellengesättigte Geschichte der hessischen Doppelehe[33] ein. Die drei Namen, die uns in dem knappen Satz begegnen, bezeichnen die drei führenden Köpfe der Reformation in Deutschland. Die Verbindung dieser Namen mit dem Tatbestand der Bigamie, mit einer praktizierten Doppelehe, beleuchtet schlagartig die Aktualität der Polygamiefrage in der Reformationszeit. Sie weist zugleich auch auf eine den Kreis von Eherecht und Theologie weit übersteigende politische Bedeutung der mit Luthers Autorität und Philipps politischer Schlüsselrolle gleichermaßen verwobenen hessischen Doppelehe. Ihr Abschluß, eine flagrante Verletzung der mit Todesstrafe bewehrten Bigamievorschrift der Carolina (Art. 121), schwächte Philipps Position und damit die des Protestantismus empfindlich und erschütterte die für den Gang der Reformation maßgebliche Kräftekonstellation im Reich[34]. So nimmt es nicht wunder, daß die hessische Doppelehe, die auch sofort heftige literarische Polemiken auslöste[35], vielfach bis heute noch als die eigentliche Zäsur zu Beginn der Neuzeit in der abendländischen Polygamiediskussion angesehen wird, als Ereignis, das diese Diskussion so recht erst eröffnete. Solche Sicht scheint uns noch jüngst bei BUCHHOLZ zu begegnen, für den die Doppelehe Philipps von Hessen „keine genuine Frage der Reformationstheologie, sondern vielmehr ein unvermutetes Ereignis der Reformationsgeschichte“[36], das „Ausgangsereignis“[37] der neuzeitlichen Polygamiefrage ist, die nun zur „aktuellen politischen Realität“[38] wurde. Nun wollen wir keineswegs die politische Brisanz der hessischen Doppelehe unterschätzen, meinen aber, daß die Polygamie, näherhin die Polygamieproblematik, schon vor 1540 politische Rele-

[33] Daß in den älteren, kontroverstheologisch bestimmten katholischen Lutherbiographien der Doppelehe des hessischen Landgrafen breiter Raum gewidmet wurde, zeigt noch die Lutherbiographie von H. GRISAR, Luther, 2. Bd., Freiburg 1911, S. 382–435, dessen Urteil über den Wittenberger Beichtrat in der Feststellung gipfelt: „Das unerhörte theologische Schriftstück findet in der ganzen Kirchengeschichte keine Parallele. Selten wurde die willkürliche Auslegung der Heiligen Schrift zu einem verhängnisvolleren Dienste herangezogen“, S. 389. – Zur Person Philipps v. Hessen vgl. jetzt auch H. J. HILLERBRAND, Landgrave Philipp of Hesse 1504–1561. Religion and Politics on the Reformation, Saint Louis 1967.

[34] Vgl. ST. SKALWEIT, Reich und Reformation, Berlin 1967, S. 306ff.

[35] Zur unmittelbar einsetzenden Polemik und bes. zum *Dialogus Neobuli* siehe ROCKWELL, a. a. O. S. 101ff.

[36] BUCHHOLZ, Erunt tres, S. 72; vgl. dazu auch *ders.*, Recht, Religion, S. 374ff.

[37] BUCHHOLZ, Erunt tres, S. 74.

[38] BUCHHOLZ, Erunt tres, S. 71. E. KOCH meint in ihrem konzisen Beitrag *De polygamia*, in: Rechtshistorisches Journal 2 (1983), S. 267, im Zuge „der allgemeinen Erneuerungsbewegung des 16. Jahrhunderts, in der viele bisher als unumstößlich geltende christliche Lehren in Frage gestellt wurden“, sei „auch das christliche Monogamiegebot begründungsbedürftig geworden“. Für das 16. Jahrhundert muß man das nach unserer Meinung dahingehend präzisieren, daß das Monogamieprinzip als solches, von den oben erwähnten Ausnahmen abgesehen, nicht in Frage gestellt wurde. Begründungsbedürftig wurde im Einzugsbereich der Reformation hingegen die ausnahmslose Geltung des Monogamiegebotes. Die Begrenzung auf den Reformationsbereich erscheint uns nicht ganz unwesentlich; vor allem im deutschen Schrifttum wird leicht beim „Jahrhundert der Reformation“ mitunter der katholische Bereich ausgespart.

vanz gewann (und insofern auch zur „politischen Realität" wurde), so vor allem in der römischen Behandlung der Ehescheidungsangelegenheit Heinrichs VIII. von England[39] und in Deutschland 1534 während der Wiedertäuferherrschaft in Münster. Dort führte im Juni 1534 Jan Beuckelsz aus Leiden, kurz zuvor am 31. Mai zum König von Münster ausgerufen, die Polygamie ein; alle Frauen ohne Männer wurden verpflichtet zu heiraten, was in der Praxis dann auf eine „Zwangspolygamie" hinauslief, zumal sich diese Verpflichtung auch auf die in Münster zurückgebliebenen Frauen der vertriebenen „Gottlosen", die sich nicht den Wiedertäufern angeschlossen hatten, bezog[40]. Die in Schwärmer- und Wiedertäuferkreisen verbreitete Öffnung gegenüber der Polygamie war bedingt durch einen extremen Biblizismus, der dazu verleitete, den Vielehen der Erzväter des Alten Bundes exemplarische Bedeutung beizumessen[41]. Die gewichtigsten Äußerungen LUTHERS zur Polygamie stammen aus der Zeit vor dem Wittenberger Beichtrat, vornehmlich aus den zwanziger Jahren, und es sind keineswegs nur „akademische Erörterungen" des Reformators, auf die wir hier treffen[42], sondern auch Antworten auf Anfragen, denen Praxisfälle zugrunde lagen. Die reichsrechtliche Pönalisierung der Bigamie durch die Carolina von 1532[43] und mehr noch die abschreckende Wirkung des Wiedertäuferterrors in Münster verschärften allerdings die allgemeine Ablehnung der Polygamie; das wird auch noch in den Reaktionen auf Philipps Doppelehe deutlich spürbar[44]. Diese Doppelehe ist für uns nicht Auftakt und „Ausgangsereignis" der neuzeitlichen Polygamiefrage, sondern eher schon der Abschluß ihrer aktualitätsbezogenen Phase.

[39] Vgl. dazu ROCKWELL, a. a. O. S. 292ff, ferner H. THIEME, Die Ehescheidung Heinrichs VIII. und die europäischen Universitäten, in: H. THIEME, Ideengeschichte und Rechtsgeschichte. Gesammelte Schriften, I. Bd., Köln/Wien 1986, S. 487–507, bes. S. 501 (Lit.).

[40] Vgl. E. ISERLOH, Die protestantische Reformation, in: Handbuch der Kirchengeschichte, hg. v. H. JEDIN, Freiburg/Basel/Wien 1967, S. 191.

[41] ROCKWELL, a. a. O. S. 268, unterstreicht LUTHERS energischen Widerspruch gegen die falsche Ausbeutung alttestamentlicher Beispiele durch Münzer und seine Gesinnungsgenossen, unterstreicht aber auch die Problematik von LUTHERS gesteigerter Hochschätzung Abrahams, a. a. O. S. 248ff. Die Frontstellung gegen Schwärmer und Täufer trug wohl nicht unwesentlich dazu bei, daß LUTHER zu einer vorsichtigeren und differenzierteren Sicht der Polygamie Abrahams und Jacobs (*„exempla non imitanda"*) fand.

[42] Vgl. die chronologische Zusammenstellung der einschlägigen Äußerungen LUTHERS bei ROCKWELL, a. a. O. S. 247ff.

[43] Gegenüber der Bambergischen Halsgerichtsordnung von 1507, der „Bambergensis", die in Art. 146 Bigamie nur als *stuprum* qualifizierte, brachte die „Carolina" von 1532, die in Art. 121 Bigamie in jedem Fall als qualifizierten Ehebruch wertete, eine Strafverschärfung. Die Frage, ob diese verschärfende Wertung auf dem Hintergrund der Polygamiediskussion der zwanziger Jahre zu sehen ist, sei hier lediglich aufgeworfen.

[44] Die Entrüstung über die hessische Doppelehe blieb nicht auf Deutschland beschränkt, wie u. a. die heftige Reaktion des Erzbischofs von Canterbury, Thomas Crammer zeigt, der 1540 in einem Brief an Nürnbergs lutherischen Reformator Andreas Osiander (dessen Nichte Crammer heimlich geheiratet hatte) zeigt; vgl. den Nachweis bei D. GIESEN, Grundlagen und Entwicklung des englischen Eherechts in der Neuzeit bis zum Beginn des 19. Jahrhunderts, Bielefeld 1973, S. 253 u. 258.

Bereits im Oktober 1520 hatte LUTHER in seiner zweiten großen programmatischen Reformationsschrift *De captivitate Babylonica ecclesiae praeludium*, in deren Mittelpunkt sein scharfer Angriff auf die katholische Lehre von den sieben Sakramenten steht, ausgeführt: „*De divortio etiam versatur quaestio, an licitum sit. Ego quidem ita detestor divortium, ut digamiam malim quam divortium, sed an liceat, ipse non audeo definire*"[45]. Hier wird schon ein wichtiges Element der Polygamieerwägungen LUTHERS erkennbar: seine Stellung zur Ehescheidung[46]. Grundsätzlich lehnt er Ehescheidung und Polygamie ab, angesichts der klaren Weisung Jesu ist ihm die Scheidung noch ärger als die Polygamie. In beiden Fällen kann es allenfalls darum gehen, schriftkonforme Ausnahmen zuzulassen, um arger Gewissensnot zu wehren. Der Begriff „Gewissensnot" („not seines gewissens", „nottdurfft des gewißens") ist ein Schlüsselbegriff zum Verständnis des Seelsorgers LUTHER, er durchzieht auch wie ein roter Faden dessen Stellungnahmen zur Polygamie im allgemeinen und zur hessischen Doppelehe im besonderen[47]. HUBERT JEDIN, der führende katholische Kirchenhistoriker unserer Zeit, sieht LUTHERS Stellungnahmen, auch seine Einlassung in der englischen Eheangelegenheit 1531[48], primär von LUTHERS Bestreben geleitet, in bedrückender Notlage zu helfen: „Den Seelsorger Luther bedrückt das Schicksal der Menschen, deren Ehe ohne eigene Schuld zerbrochen ist und die gehindert werden, eine gültige neue Ehe einzugehen"[49]. Wenn LUTHER um „not des gewissens" willen eher den Ausweg der Polygamie als den der Scheidung weist, dann darum, weil er in der Schrift *exempla et leges* für die Polygamie, nicht aber für die Scheidung fand[50]. Die Scheu vor der Scheidung bestimmte auch den hessischen Fürsten selbst, dessen Charakterbild zügellose Leidenschaften mit schriftgebundenen Gewissensskrupeln vereint, und ganz folgerichtig bringt HANS LIERMANN das auf den Nenner: „So absurd es klingen mag: Die Flucht in die Doppelehe, welche der Subjektivismus des Renaissancemenschen versuchte, um den unabdingbaren, objektiven Normen des ius divinum zu entgehen, ist ein Beweis für die Unauflöslichkeit der Ehe"[51]. Angesichts der herausragenden Bedeutung und Stellung des Landgrafen für die Sache der Reformation haben Erwägun-

45 WA VI, 559.

46 Vgl. dazu HECKEL, a. a. O. S. 154ff; MIKAT, Zerrüttungsprinzip, S. 925ff sowie LÄHTEENMÄKI, a. a. O. S. 69ff.

47 Vgl. die unter dem Stichwort „Gewissensnot" gegebenen Hinweise im Sachregister bei ROCKWELL, a. a. O. S. 347.

48 Vgl. oben Anm. 39 gegebenen Hinweise.

49 H. JEDIN, Die Unauflöslichkeit der Ehe nach dem Konzil von Trient, in: K. REINHARDT, H. JEDIN, Ehe – Sakrament in der Kirche des Herrn, Berlin 1971, S. 63.

50 Zu der kontroversen Frage, ob LUTHERS Polygamieratschlag auch durch die „Lehre vom kleineren Übel" bestimmt wurde, vgl. ROCKWELL, a. a. O. S. 276f.

51 H. LIERMANN, Löslichkeit und Unlöslichkeit der Ehe im evangelischen Kirchenrecht, in: Deutsche Landesreferate zum IV. Internationalen Kongreß für Rechtsvergleichung in Paris 1954 (hg. v. E. WOLFF), Düsseldorf 1954, S. 53.

gen und Rücksichtnahmen politischer Art bei der Erteilung des Wittenberger Beichtrates sicherlich eine gewichtige Rolle gespielt, und insofern kann man dieser Dispens einen opportunistischen Zug nicht absprechen, aber vor allem im Hinblick auf LUTHERS Intentionen sollte auch der seelsorgerliche Aspekt in dieser Angelegenheit nicht zu gering veranschlagt werden[52]. Erst im Zusammenwirken der höchst disparaten Motivlagen fanden die Unterzeichner schließlich den „Mut", unter Hintanstellung aller theologischen und juristischen Bedenken einen Weg zu weisen, der sich nur zu bald schon als Irrweg erweisen sollte. LÄHTEENMÄKI führt den „ethischen Makel, der dem Beichtrat anhaftet"[53], letztlich noch auf das katholische Erbe in LUTHER zurück. Das entspricht einer nicht zu übersehenden apologetischen Tendenz bei ihm, die hier übersieht, daß man die von ihm herangezogene mittelalterliche Beichtlehre nicht isoliert von einem Eheverständnis sehen darf, in dem die Einheit der Ehe zu den unverfügbaren Wesenseigenschaften der Ehe zählte, die bei der Ehe *inter baptizatos* nicht nur naturrechtlich, sondern auch sakramentalrechtlich fundiert angesehen wurden. Will man denn überhaupt beim Wittenberger Beichtrat von den Nachwirkungen einer „katholischen Denkweise" sprechen, so sicherlich nicht im Hinblick auf das Ergebnis, sondern allenfalls im Hinblick auf die Anknüpfung an die LUTHER bestens vertraute Beichtdispensationspraxis[54].

Um *dispensatio in foro interno tantum* ging es also, und damit ist zugleich ausgesagt, daß das *forum externum* nicht tangiert werden sollte, und LUTHER ist sich der damit gegebenen Spannung zum weltlichen Recht durchaus bewußt gewesen, „den fur der welt vnd des Reichs rechte were es nicht zuuerthedigen"[55], schreibt LUTHER am 10. Juni 1540 an den Kurfürsten Johann Friedrich von Sachsen in einem Brief, in dem er seine Intention beim Beichtrat darlegt, wobei er besonderes Gewicht auf die von ihm angestrebte Geheimhaltung des Beichtrates legt: „... wie sich dan In Beichtsachen gebürt heimlich zuhalten, beide die sachen vnd den Beicht rath"[56]. Und weiter führt er aus: „Ich hab wol mehr sachen, beide vnder dem Bapstumb vnd hernach, beicht weiß empffangen vnd rath gegeben, welche so sie offenbaret werden solten, must ich Nein sagen dazu oder die Beicht auch melden. Solche sachen gehoren nicht Ins weltliche gericht, vnd muß rathen der Seelen, da kein recht noch kunst fur der welt helffen kan"[57]. ANNELIESE SPRENGLER-RUPPENTHAL meint, für

[52] Vgl. auch LÄHTEENMÄKI, a. a. O. S. 85f.
[53] LÄHTEENMÄKI, a. a. O. S. 90.
[54] Vgl. dazu ROCKWELL, a. a. O. S. 138ff.
[55] WAB 9, 133.
[56] WAB 9, 133.
[57] WAB 9, 133. – Bemerkenswert ist, daß LUTHER zur Bekräftigung seiner Argumentation sich ausdrücklich auf seinen „Praeceptor Im Closter" beruft: „Mein Praeceptor Im Closter, ein feiner alter Man, hette solcher sachen auch viel vnd muste einmal mit seufftzen sagen: ‚Ach ach, solche sachen

LUTHER zeige sich hier die Relativität alles menschlichen Rechtes und die Freiheit des göttlichen Urteils[58], und sie verweist auf LUTHERS Schreiben an Philipp von Hessen vom 24. Juli 1540: „Im Sachsen recht henget man die diebe, Im Romischen vnd Mosischen recht henget man sie nicht, vnd der gleichen viel, Vnd doch Gott solche widerwertige recht beide fur recht wil gehalten haben. Wie viel mehr wird er, ynn diesem fall, das weltliche recht contra digamiam gehalten haben wollen, vnd dennoch ynn foro poli die hende yngebunden haben, digamiam aus nottigen vrsachen, wider das welltliche recht, nach zu lassen“[59].

Einzelfälle, zumal wenn sie außergewöhnlich und in aller Munde, können leicht dazu verleiten, Gewichtungen zu verschieben; in historisch rückschauender Betrachtung wächst ihnen mitunter eine realitätsferne Bedeutung zu, die die Normalität verdrängt. Hier will das besagen: die Bedeutung der Polygamiefrage in der Reformationszeit sollte nicht überschätzt werden. Nicht einmal für die unruhigen zwanziger Jahre des 16. Jahrhunderts, dem Jahrzehnt des reformatorischen Aufbruchs, aber auch dem Jahrzehnt der Schwärmer und des vom extremen Biblizismus bestimmten jungen Täufertums, läßt sich für den Polygamiegedanken eine nennenswerte Aufnahmebereitschaft in breiteren Bevölkerungsschichten verzeichnen. Für LUTHER war die Polygamiethematik keine zentrale Frage, doch hat sie ihn über Gebühr beschäftigt und, so kann man wohl sagen, auch belästigt. Die Polygamie der Erzväter auf der einen Seite, das Fehlen einer klaren, unmittelbaren Weisung Jesu in dieser Frage auf der anderen Seite, das bedingte, daß auch seine praxisbezogenen Stellungnahmen eine gewisse Unsicherheit verraten und sich nicht gerade durch zweifelsfreie Klarheit auszeichnen. Drei solche Stellungnahmen LUTHERS, auf die wir uns beschränken wollen, mögen das näher verdeutlichen:

Am 13. Januar 1524 nimmt LUTHER in einem Schreiben an den Kanzler Brück in Weimar Stellung zum Gesuch eines Mannes an den sächsischen Kurfürsten, ihm eine Doppelehe zu gestatten. Hinter diesem Gesuch um *dispensatio pro foro externo* stand kein Geringerer als Andreas von Karlstadt, der vom Weggefährten zum radikalen Gegenspieler LUTHERS geworden war[60]. Seit 1523 war Karlstadt Pfarrer in Orlamünde, ob er dort in seinem konsequenten Biblizismus, auf den LUTHER in seinem Brief an Brück anspielt[61], auch die Polygamie propagierte, ist ungewiß; ent-

seind so Irrig vnd verzweiuelt, das hier kein weißheit, recht noch vernunfft rathen kan, Man muß sie beuelen Diuinae bonitati'. Auß solcher erfarung hab ich auch hierin nach Gotlicher gute gehandlet", WAB 9, 133f.

[58] A. SPENGLER-RUPPENTHAL, Zur Rezeption des Römischen Rechts im Eherecht der Reformatoren, in: ZRG Kan. Abt. 68 (1982), S. 408.

[59] WAB 9, 201.

[60] Vgl. O. VASELLA, Art. Karlstadt, in: LThK 5. Bd., Sp. 1363f (Lit.)

[61] „*Curiositas, metuo, in causa sit. Tamen sinitote ire, quod it, forte etiam adhuc circumcidentur Orlamundae, et toto Mosaici futuri sunt*“, WAB 3, 231.

sprechende schriftliche Zeugnisse von ihm fehlen[62]. Da der Ausweg der Ehescheidung nicht bestand, hatte Karlstadt dem Petenten, dessen erste Frau an Aussatz litt, zum Dispensationsgesuch an den Landesherrn geraten. LUTHERS Antwort spiegelt seinen Zwiespalt wider: *„Ego sane fateor, me non posse prohibere, si quis plures velit uxores ducere, nec repugnat sacris litteris; verum tamen apud christianos id exempli nollem primo introduci, apud quos decet etiam ea intermittere, quae licita sunt, pro vitando scandalo et pro honestate vitae, quam ubique Paulus exigit. Vehementer enim dedecet christianos, summa et novissima libertatis tam anxie pro suis commodis sectari, et tamen vulgaria illa et necessaria charitatis negligere. Ideo in sermone meo nolui hanc fenestram aperire, et vix credo, sic desertum a Deo christianum, ut non queat continere coniuge divinitus impedita. Curiositas, metuo, in causa sit. Tamen sinitote ire, quod it, forte etiam adhuc circumcidentur Orlamundae, et toti Mosaici futuri sunt"*[63].

Gravierender, weil nicht lediglich einen Einzelfall betreffend, sollte LUTHERS Stellungnahme vom 23. November 1526 sein. In diesem Schreiben bescheidet LUTHER eine uns im einzelnen nicht mehr bekannte Anfrage des Landgrafen von Hessen, die sich, so steht zu vermuten[64], auf die Zulässigkeit landesherrlicher Dispensationen in Polygamiefällen bezog. Ob der Landgraf bei seiner Anfrage auch bereits für sich schon die Möglichkeit einer Pluralehe erwog, muß offenbleiben, seine Anfrage fällt jedenfalls in eine Zeit, in der ihm, folgen wir seinen eigenen späteren Bekundungen[65], seine Ehe mit der sächsischen Herzogstochter schon längst zur argen Beschwernis geworden war. Doch LUTHERS Antwort läßt keinen Bezug auf die höchst persönlichen Probleme des Landgrafen erkennen, so wird man denn eher mit einer generellen Anfrage zu rechnen haben[66]. Bei LUTHER heißt es nun: „Der ander sach halben ist meine trewliche warnung vnd radt, das (die Christen sonderlich) nicht mehr denn ein eheweyb ymand haben solle, Nicht allein darumb, das es ergelich ist vnd kein Christen on not ergernis geben, sondern auffs vleyssigst meiden solle, Sondern auch darumb, das hie kein gotts wort furhanden ist, darauff man sich lassen muge, das gott von den Christen wol gefalle. heyden vnd turcken mugen thun, was sie wollen. Die alten veter haben ettliche viel weyber gehabt, aber dazu sind sie mit nott gedrungen, als Abraham vnd Jacob vnd hernach

[62] Immerhin wurde Karlstadt wegen seiner zu radikalen biblizistischen Konsequenzen im September 1524 auf Betreiben LUTHERS aus Kursachsen ausgewiesen.

[63] WAB 3, 231.

[64] Vgl. dazu ROCKWELL, a. a. O. S. 256.

[65] In seiner Instruktion vom Dezember 1539 an Martin Bucer, WAB 8, 631–635, macht Philipp geltend, er sei als junger Mann zur Heirat mit Christina von Sachsen überredet worden („bin ich warlich ein Junger vnuerstendiger mensch der zeit gewesenn"), von Anfang an habe er keine Zuneigung zu ihr gehabt: „Die vrsachen aber, warumb ich mich hurerei, ehebruchs vnd des dings nit erweren mag bei diesem Itzigem meinem Weibe, Seint diese. Erstlich, das ich von anbegynn, do ich sie gnomen, nie lust oder begire zu Ir gehapt", WAB 8, 631.

[66] So auch ROCKWELL, a. a. O. S. 7f.

viel konige, welchen die weyber yhrer freunde wie ein erbe heymsterben nach Mosis gesetze. Nu ist nicht genug eym Christen, der veter werck anzusehen, Er mus auch ein gottlich wort fur sich haben, das yhn gewis mache, gleich wie sie gehabt haben. Denn wo die not vnd vrsach nicht gewesen ist, haben die alten veter auch nicht mehr denn ein eheweib gehabt, als Isaak, Joseph, Mose vnd der viel. Derhalben ich hiezu nicht zu raten weis, sondern widder raten muß, sonderlich den Christen, Es were denn die hohe not da, als, das das weyb aussetzig odder sonst entwendet wurde. Den andern aber weis ichs nicht zu weren“[67]. Wenige Tage später, am 9. Dezember 1526, geht LUTHER in einem Brief an Joseph Levin Metzsch auf Mylau auf die Frage ein, ob jemand mehr als ein Weib zur Ehe haben möge: „Auf Eure erste Frag, ob jemand möge mehr denn ein Weib zur Ehe haben, ist das meine Antwort: Die Ungläubigen mögen tun, was sie wollen, aber christliche Freiheit soll sich richten nach der Liebe, also daß es alles soll zum Dienst des Nähesten sich richten, wo es ohn Not und Fehler des Glaubens und Gewissens geschehen kann. Aber itzt will jedermann die Freiheit suchen, die ihm dienet und nutz ist, gar nichts geacht wider des Nähesten Nutz und Besserung, so doch St. Paulus sagt: *Omnia licent, sed non omnia expediunt,* 1. Cor. ep. VI. *Tantum ne libertatem in occasionem carnis detis etc.* Es ist auch frei, sich zu beschwestern oder ohn dieselben zu leben. Aber wer will es thun ohn Not mit gutem Gewissen? Auch ob die Alten viel Weiber gehabt, ist's doch Christen nicht zu tun nach solchem Exempel, weil da kein Not noch Besserung noch sonderlich Gottes Wort ist, das solches befiehlet, und so groß Ärgernis und Unruh daraus kommen möcht. Derhalben nicht den Christen mehr frei achte, es müßte zuvor von Gott befohlen werden über solche Freiheit“[68]. Wir haben diese drei Polygamiebescheide LUTHERS aus den zwanziger Jahren vor allem darum in aller Ausführlichkeit wiedergegeben, weil wir in ihnen ein sicheres Indiz dafür sehen, daß die Polygamiefrage in den Anfangsjahren der Reformation in Deutschland „in Bewegung“ geraten war, wiewohl man nicht von einer breiteren „Polygamiebewegung“ sprechen kann. Gehen wir davon aus, daß die beiden Bescheide LUTHERS aus dem Jahre 1526 ebenfalls Möglichkeiten einer *dispensatio pro foro externo* betrafen, dann wird vor diesem Hintergrund die reichsrechtliche Pönalisierung der Bigamie, die dann wenige Jahre später erfolgte, in ihrem aktuellen zeitgeschichtlichen Kontext erhellt. Art. 121 der Carolina kann in diesem Lichte auch als Damm gegen das Monogamieprinzip aufweichende Tendenzen gesehen werden. LUTHERS angeführte Bescheide können weiterhin verdeutlichen, wie weit er sich von der katholischen Eheauffassung bereits entfernt hatte; er hielt zwar grundsätzlich an der Monogamie fest, weist ihr aber einen anderen Stellenwert zu. Sicherlich: die Christen sollen „nicht mehr denn ein eheweyb“

[67] WAB 4, 140.
[68] WAB 4, 141f.

haben, denn das wäre ein „ergernis" und kein Christ soll „on not ergernis geben", überdies ist „kein gotts wort furhanden, darauff man sich lassen muge"; doch das ist eine Sprache, die eher von Zweifeln als von festen Überzeugungen bestimmt ist. Und man überhöre nicht die Einschränkungen, die in den direkten und indirekten Hinweisen auf die „hohe not" liegen und den Weg zur Polygamie als letzten Ausweg eröffnen. Nach LÄHTEENMÄKI besteht „Anlaß zu Zweifeln, ob Luther wirklich die Monogamie als Voraussetzung der Ehe betrachtet hat"[69]. Andererseits muß aber auch gesehen werden: LUTHERS Polygamieerörterungen blieben stets gebunden an das Problem der Dispensationsmöglichkeit; er hat den Ausweg in Fällen „hoher not" zu keiner Zeit als Weg hin zur Einführung der Polygamie angesehen, gerade weil „kein gotts wort furhanden, darauff man sich lassen muge", und „im Fehlen eines Gotteswortes, in dem Spruch Christi (Mt. 19) fand er die Schranke für die Obrigkeit, die Doppelehe allgemein zu gestatten"[70].

„Für Luther ist die Bigamie kein Gesetzesproblem, sondern ein Gewissensproblem coram Deo"[71], meint zutreffend BUCHHOLZ, der LUTHERS Zentralproblem par excellence schlechthin, das Gesetzesverständnis, mit angesprochen sieht und darauf verweist, „daß Luther die ‚lex divina' spiritualisiert und die Offenbarungen entjuridifiziert hat"[72]. Für BUCHHOLZ ist hier einmal ein innerer Zusammenhang mit LUTHERS Auffassung von der *natura corrupta hominis* gegeben, „die jede wirkliche Erkenntnis der Ordnungen Gottes verstellt", und zum anderen wirkt sich für ihn LUTHERS „Grundmuster der Zwei-Reiche-Lehre" aus, „die das göttliche Liebesrecht und das menschliche Zwangsrecht unüberbrückbar auseinandertreten läßt"[73]. Damit rückt auch das Polygamieproblem in den Kernbereich von LUTHERS Theologie: die unüberbrückbare Gegensätzlichkeit von Evangelium und Gesetz nimmt dann greifbare Gestalt an, wenn nach dem Recht der gefallenen Welt ein Verhalten erlaubt sein soll, das der *lex Christi* zutiefst widerstreitet. Die Brüche zwischen dem Reich zur Rechten Gottes und dem zur Linken, zwischen der *lex caritatis* und der *lex irae* bestimmen die Wesensverschiedenheiten der *iustitia aeterna* und der *iustitia civilis.* Die dualistische Grundstruktur der Rechtstheologie LUTHERS macht es möglich, eine Weltgesetzlichkeit zuzulassen, die außerhalb der göttlichen Rechte des Alten und des Neuen Bundes steht; das Polygamieproblem war damit keine Frage mehr der Bindung an ein übergeordnetes, ranghöheres *ius divinum.*

Die klaren Konturen des lutherischen Rechtsbegriffs sind auch von der protestantischen Lehre in der Folgezeit zunehmend verwischt worden, und die bald

[69] LÄHTEENMÄKI, S. 90.
[70] ROCKWELL, a. a. O. S. 278.
[71] BUCHHOLZ, Erunt tres, S. 73.
[72] BUCHHOLZ, Erunt tres, S. 73.
[73] BUCHHOLZ, Erunt tres, S. 73; ferner dazu *ders.*, Recht, Religion, S. 242ff, 383f.

einsetzende Verrechtlichung der Schriftaussagen wurde weithin zum Kennzeichen aller späteren Erörterungen; das wird besonders eindrucksvoll durch die Polygamiediskussion der lutherischen Theologen und Juristen im 16. und 17. Jahrhundert belegt. Aber trotz dieser Veränderung des Ausgangspunkts blieben LUTHERS Einlassungen, schon allein auf Grund seiner außergewöhnlichen Autorität, bedeutsam für die spätere Polygamiediskussion. Daß LUTHER die Polygamiefrage auf den „Ausnahmefall" begrenzt hatte und die generelle Einführung der Polygamie strikt verworfen hatte, fiel dabei erheblich ins Gewicht und trug mit dazu bei, daß das „ganze nachfolgende Luthertum in der unbedingten Forderung monogamer Beschränkung einer Meinung gewesen" ist[74]. Weit über den Anlaß des Wittenberger Ratschlags von 1539 hinaus und sicherlich LUTHERS Absichten ganz entgegen hat die unvergleichliche Bedeutung Luthers dem Polygamieproblem einen Stellenwert in der ehetheologischen und eherechtlichen Literatur verliehen, der ihm zuvor niemals beigelegt worden war und den es ohne ihn niemals hätte erlangen können.

In deutlicher Frontstellung gegen die reformatorischen Ehelehren, vorab die der Lutheraner, diskutierte und formulierte die katholische Kirche auf dem Konzil von Trient ihre Lehre von der Ehe[75]. Das Polygamieproblem wurde zwar angesprochen, aber nicht sonderlich problematisiert. Wie kontrovers auch die Konzilsteilnehmer ansonsten diskutieren mochten, in der Verwerfung der Polygamie gab es von Anfang an nicht den geringsten Dissens[76]. Canon 2 der vom Konzil in seiner XXIV. Sitzung am 11. November 1563 verabschiedeten 12 *Canones de sacramento matrimonii* verwirft die Polygamie für Christen: „*Si quis dixerit, licere Christianis plures simul habere uxores, et hoc nulla lege divina esse prohibitum: anathema sit*"[77]. Hier ist allenfalls bemerkenswert die ausdrückliche Eingrenzung des Verbots auf „Christen". Wenn auch nicht *expressis verbis*, so doch der Sache nach wesentlicher, wird die Monogamiefrage angesprochen in dem vom Konzil den Ehecanones vorgeschalteten Proömium, der *Doctrina matrimonii*[78]. Gleich der erste Satz

[74] W. ELERT, Morphologie des Luthertums, 2. Bd. Soziallehren und Sozialwirkungen des Luthertums, München 1953 (Nachdruck der 1. Aufl. v. 1931), S. 104.

[75] Wichtigste reformatorische Quelle für die Ehediskussionen des Tridentinums waren LUTHERS Schriften „De captivitate Babylonica" von 1520 und „Das siebente Kapitel S. Pauli zu den Corinthern" von 1523. – Vgl. insgesamt zur Entstehungsgeschichte der tridentinischen Ehekanones die oben Anm. 49 nachgewiesene Abhandlung JEDINS.

[76] Mehrfach wurde natürlich im Rahmen der Debatten um das Ehescheidungsproblem der für die Monogamieproblematik wichtige Aspekt der Einheit der Ehe angesprochen, vgl. die Nachweise bei B. BRUNS, Ehescheidung und Wiederheirat im Fall von Ehebruch. Eine rechts- und dogmengeschichtliche Untersuchung zu Kanon 7 der 24. Sitzung des Konzils von Trient (Annuarium Historiae Conciliorum, Supplementum 3, hg. v. W. BRANDMÜLLER u. R. BÄUMER), München/Paderborn/Wien 1976, S. 60.

[77] CT IX, 967.

[78] CT IX, 966 f.

dieser *Doctrina* stellt betont den Gedanken der Einheit der Ehe voran und zitiert zur Bekräftigung Gen 2,23f: *„Hoc nun os ex ossibus meis, et caro de carne mea: Quamobrem relinquet homo patrem suum et matrem, et adhaerebit uxori suae et erunt duo in carne una"*. Unmittelbar daran an schließt sich die „Monogamieaussage": *„Hoc autem vinculo duos tantummodo copulari et coniungi, Christus Dominus apertius docuit, quum postrema illa verba, tanquam a Deo prolata, referens dixit: Itaque iam non sunt duo, sed una caro . . ."*[79]. Und schließlich geht die *Doctrina* auch noch ein auf die Stellung der Ehe *in lege evangelica* gegenüber den „alten Verheiratungen" *(veteribus connubiis)* und verwirft eine der Tradition der Kirche widersprechende Berufung auf die Schrift[80].

Der Schock, den die hessische Doppelehe allenthalben ausgelöst hatte, saß tief für lange Zeit[81], mochten auch in Deutschland in der Zeit des Absolutismus vereinzelt evangelische Landesherren das Beispiel Philipps aufgreifen und willfährige Hofprediger ihre Doppelehen einsegnen[82]. So nahm der Kurfürst von der Pfalz Karl (I.) Ludwig (1617–1680)[83], seit 1649 verheiratet mit der hessischen Landgräfin Charlotte, 1657 deren Hofdame Loysa von Degenfeld (1634–1677)[84] zur zweiten Frau; sie schenkte ihm dreizehn Kinder, verzichtete für sich und ihre Nachkommen auf alle Erbansprüche an die Pfalz und wurde 1667 für diesen Verzicht mit der Würde einer „Raugräfin" entschädigt. Der Herzog von Württemberg Eberhard Ludwig (1676–1733)[85] heiratete 1707 in „geheimer Ehe" seine Maitresse Christiane Wilhelmine von Grävenitz (1686–1744)[86]. Diese Ehe wurde zwar auf Betreiben des Kaisers schon 1710 für ungültig erklärt, doch blieb Grävenitz noch bis 1731 die eigentliche Herrin des Landes und ihres Herzogs. Einen kuriosen Bigamiefall aus dem 18. Jahrhundert berichtet der preußische Generalfeldmarschall Hermann von Boyen in seinen „Denkwürdigkeiten und Erinnerungen 1771–1813"[87]. Nach

[79] CT IX, 966.

[80] *„Cum igitur matrimonium in lege evangelica veteribus connubiis per Christum gratia praestet: merito inter novae legis sacramenta annumerandum sancti patres nostri, concilia et universalis ecclesiae traditio semper docuerunt; adversus quam impii homines huius saeculi insanientes, non solum perperam de hoc venerabili sacramento senserunt, sed de more suo, praetextu Evangelii libertatem carnis introducentes, multa ab ecclesiae catholicae sensu et ab apostolorum temporibus probata consuetudine aliena, scripto et verbo asseruerunt, non sine magna Christifidelium iactura"*, CT IX, 967.

[81] Zu den Rechtfertigungsproblemen vgl. schon Michael Havemann, Gamologia synoptica . . ., Francofurti et Hamburgi 1672, lib. III tit. IV n 6; Michael Siricius, Uxor una ex iure naturae et divino . . ., Giessae Hassorum 1669, p. 31 ss.

[82] Vgl. dazu Elert, a. a. O. S. 104f, dort auch zur überwiegend ablehnenden Haltung der evangelischen Landeskirchen, wiewohl die „überhaupt ihre Unabhängigkeit verloren hatten".

[83] Vgl. P. Fuchs, Art. Karl (I.) Ludwig, in: NDB 11. Bd., S. 246–249.

[84] Vgl. P. Fuchs, Art. Degenfeld, v. Loysa, in: NDB 3. Bd., S. 559–560.

[85] Vgl. R. Uhland, Art. Eberhard Ludwig, in: NDB 4. Bd., S. 237–238.

[86] Vgl. H. J. Rieckenberg, Art. Graevenitz, v., Christiane Wilhelmine Friederike, in: NDB 6. Bd., S. 720–722.

[87] H. v. Boyen, Denkwürdigkeiten und Erinnerungen 1771–1813, 1. Bd., 3. Aufl., Stuttgart 1921.

BOYEN gestattete Friedrich der Große seinem aus Savoyen stammenden General von Favrat, „um ein früher gegebenes Eheversprechen wieder gut zu machen, zwei Frauen zugleich" zu haben, „die beide friedlich mit einander lebten. Dabei war Favrat ein Mann von edler, gerechter Gesinnung, nicht ohne wissenschaftliche Bildung und von unerschütterlicher, persönlicher Tapferkeit"[88]. Doch mit diesem Beispiel aus der Aufklärungszeit, die uns später noch beschäftigen wird, greifen wir der Entwicklung weit voraus. Vorerst gilt es festzuhalten, daß die hessische Doppelehe von 1540 zwar nicht die Polygamiediskussion beendete, wohl aber entscheidend dazu beitrug, daß diese Diskussion fürderhin in akademischen Bahnen belassen blieb, wo sie heftig, aber ohne sonderlichen aktuellen Bezug ausgetragen wurde und ihren Niederschlag in einem breit ausufernden theologischen und juristischen Schrifttum fand, in dem sehr bald naturrechtliche Beweisführungen dominierten. Die Fülle des einschlägigen Schrifttums ist beeindruckend und bedrückend, die vortreffliche Arbeit von MANFRED ERLE über die Ehe im Naturrecht des 17. Jahrhunderts[89] vermittelt einen repräsentativen Überblick, der auch wichtige Autoren des 16. Jahrhunderts bereits einbezieht. Fast müßig zu betonen, daß die Stoffülle zur Beschränkung zwingt und daß unsere folgenden Ausführungen nichts weniger anstreben können als Vollständigkeit. Doch im Für und Wider der Polygamie war die Argumentationsbreite ohnehin nie groß, und so kann auch in der Begrenzung auf wenige Autoren diese Breite eingefangen werden.

III.

„Theologe und Pfarrer in erster Linie, aber auch Exeget, Verwaltungsmann, Jurist, Humanist, Sprachwissenschaftler, dramatischer Autor, Poet und geschickter Diplomat"[90], so charakterisiert JILL RAITT den großen reformierten Theologen THEODOR BEZA (1519–1606), dem wir die klassische Polygamieschrift des Reformationsjahrhunderts *Tractatio de polygamia et divortiis in qua et Ochini argumenta refutantur*[91], die 1568 in Genf erschien, verdanken. Der burgundische Edelmann, Calvins Nachfolger in Genf, stand bis in die jüngste Zeit ganz in dessen Schatten,

88 v. BOYEN, a. a. O. S. 35.

89 M. ERLE, Die Ehe im Naturrecht des 17. Jahrhunderts. Ein Beitrag zu den geistesgeschichtlichen Grundlagen des modernen Eherechts, Göttingen 1952.

90 J. RAITT, Art. Beza, in: TRE, Bd. V, S. 765.

91 Im folgenden zitiert nach der Genfer Ausgabe von 1571: THEODORUS BEZA, *Tractatio de Polygamia et Divortiis in qua et Ochini Apostatae pro Polygamia ... argumenta refutantur ...*, Genevae 1571. Von dem Werk erschienen in rascher Folge mehrere Ausgaben; zu den verschiedenen Ausgaben vgl. die Angaben bei E. HOLTHÖFER, Die Literatur zum gemeinen und partikularen Recht in Italien, Frankreich, Spanien und Portugal, in: Coing Hdb., II. Bd., 1. Teilbd., S. 345.

erst seit einigen Jahren wird er stärker in seiner Eigenständigkeit gewürdigt[92]. Er war der Prototyp eines Kontroverstheologen, Polemiker von hohen Graden, aber auch geschmeidiger Diplomat im politischen Einsatz für die französischen Protestanten. Sein Polygamietraktat, eine Gelegenheitsschrift, ist eine Kampfschrift gegen die Polygamie, gerichtet gegen den ehemaligen Mönch BERNARDINO OCHINO (1487–1565), eine „der farbigsten Gestalten des Reformationszeitalters"[93]. In einer 1563 in Basel publizierten Schrift[94] hatte OCHINO die These vertreten und zu belegen versucht, daß sich weder im Alten noch im Neuen Testament irgendein Verbot der Polygamie finden lasse, ganz im Gegenteil, die Geschichte des Alten Bundes spreche dafür, daß Gott das polygame Leben der Erzväter geduldet habe. Gegen diese Ansicht des *apostata Bernardinus Ochinus* wandte sich BEZA mit seinem Polygamietraktat[95] in aller ihm eigenen Schärfe; BUCHHOLZ spricht von „einer wahren Vernichtungswut"[96], mit der BEZA dem unglücklichen Sienesen entgegengetreten sei, der überdies als persönlicher Adressat des Polygamietraktates gar nicht mehr in Betracht kam, da er drei Jahre zuvor (1565) im mährischen Exil verstorben war. Die Polygamieschrift BEZAS erweist sich als Kompendium, das alle wesentlichen Argumente, Streitfragen und Auslegungsprobleme enthält, die schon in der vorreformatorischen Kanonistik zur Sprache gekommen waren und die bis in das späte Naturrecht der Aufklärung maßgeblich bleiben sollten. Vieles ist vertieft, erweitert, akzentuiert worden, wesentlich Neues ist jedoch nicht mehr hinzugekommen. Sucht man nach einer Schrift, die auch heute einigermaßen verläßlich in die vielschichtige Polygamieproblematik einführt und zugleich die wichtigsten Positionen des viele Jahrhunderte währenden Meinungsstreites markiert, so greife man immer noch zu BEZAS Polygamietraktat von 1568.

Eingangs hebt BEZA hervor, daß er, seiner theologischen Profession folgend, über das *forum conscientiae* schreibt. Allerdings wird nirgendwo sichtbar, daß für das *forum externum* der Welt etwas anderes gelten solle, vielmehr sind die Anordnungen, die das Gewissen binden, auch für Obrigkeiten und Untertanen verpflichtend.

BEZA folgte der herkömmlichen Unterscheidung[97] zwischen der simultanen Polygamie *(uno eodemque tempore plures uxores ducuntur)* und der sukzessiven

[92] Vgl. RAITT, a. a. O. S. 768 f.

[93] BUCHHOLZ, Erunt tres, S. 74.

[94] BERNARDINUS OCHINUS, Dialogi XXX, Basileae 1563 (*dialogus de polygamia,* lib. II p. 186–227).

[95] Die Zahl der Kritiker des OCHINO ist schier unübersehbar; für viele sei nur genannt HENNING ARNISAEUS, *De iure connubiorum commentarius politicus,* Francofurti 1613, caput IV sect. II n. 5 et passim.

[96] BUCHHOLZ, Erunt tres, S. 76.

[97] Die begriffliche Unterscheidung blieb weiterhin üblich, wie auch die unterschiedliche Behandlung der entsprechenden Problemfragen; vgl. dazu WILHELM ZESCH, *De Polygamia successiva et simultanea, partim contra Tertullianum et Montanistas, partim Anabaptistas, Turcas eorumque sequaces* . . ., Giessae Hassorum 1663 (der Titel deutet schon die jeweiligen Problembezüge und Frontstellungen an).

Polygamie *(soluto matrimonio alia uxor ducitur*[98]*).* Nur von der ersten Form wird hier die Rede sein. Dieser Ausgangspunkt soll aber nicht darüber hinwegtäuschen, daß das moraltheologische Problem der *matrimonii repetitio* den hauptsächlichen Gegenstand des Traktats bildet. Die Probleme des Zölibates, der moralischen Bewertung des keuschen Lebens und der Wiederholbarkeit oder Einmaligkeit des Ehebandes[99] standen natürlich weitaus mehr im Brennpunkt der Interessen der Reformationstheologen als die polemischen Kontroversen über die *polygamia simultanea.* Dennoch haben gerade die Kontroversen über die „eigentliche Polygamie" ein erstaunliches Beharrungsvermögen entwickelt; sie wurden als ungelöstes Problem noch zu einer Zeit behandelt, in der die Minderrangigkeit des Zölibates und die Zulässigkeit sukzessiver Zweit- oder Drittehen für die protestantische Lehre bereits kein Thema mehr waren.

Seit jeher bereiteten die zahlreichen Beispiele der alttestamentlichen Polygamie, die *exempla multorum sanctorum Patrum,* allen denjenigen große Auslegungsschwierigkeiten, die die Vorschriften, Regeln und Gebräuche des Alten Bundes weiterhin als verbindliche Normen, als *lex divina veteris testamenti,* ansahen. Der Pentateuch bot sich geradezu als Beispielsammlung für die in altorientalischen Gesellschaften übliche Vielweiberei dar. Beza sah sich nicht in der Lage, Abraham, Jakob, David und die vielen anderen Polygamisten vorbehaltlos zu rechtfertigen, geschweige denn so zwielichtige Gestalten wie die des Lamech; denn *peccata sunt peccata*[100], auch wenn sie von Patriarchen begangen werden. Aber warum hat Gott die Vielehen der heiligen Väter nicht nur rügelos hingenommen, sondern bisweilen sogar gefördert? Beza weist auf die besondere Lage der Patriarchen hin und bemüht ein Argument, das uns seit den Tagen der Patristik und Scholastik wohlvertraut ist und das in mannigfachen Variationen im Schrifttum vor und nach der Reformation immer und immer wieder bemüht wird: Die Väter waren nicht aus geschlechtlicher Begierde und böser Absicht polygam, sondern wegen der außergewöhnlichen Umstände, die sie vorfanden, mußte sich doch am Anfang der Welt die Menschheit rasch vermehren. Gott wollte die Zahl seiner Gläubigen schnell wachsen sehen, sein Vermehrungsgebot galt insbesondere für sein eigenes Volk Israel, da aus diesem Volke Christus kommen würde[101]. Aber trotz dieser anerkennenswerten Motive bleibt es bei der grundsätzlichen Verwerflichkeit der Polygamie. Der juristisch geschulte Theologe Beza sucht nach Entschuldigungsgründen, die den subjektiven Tatbestand betreffen: Angesichts der Alltäglichkeit der Polygamie in der Zeit des Alten Testamentes war den Patriarchen ihr polygames Verhalten als im

[98] Beza, Tractatio de Polygamia, p. 3.
[99] Beza, Tractatio de Polygamia, p. 40 ss.
[100] Beza, Tractatio de Polygamia, p. 8.
[101] Beza, Tractatio de Polygamia, p. 10.

religiös-moralischen Sinne indifferent erschienen[102]. Deshalb wird in der Schrift auch nichts von einer Buße der polygam lebenden Väter berichtet; denn Buße leisten kann man nur für solche Verfehlungen, die dem Handelnden auch in irgendeiner Weise bewußt geworden sind. Doch ganz sanktionslos hat Gott die Polygamie der Väter nun doch nicht gelassen. Beza hat die verborgene List bemerkt, die den Polygamisten zum Opfer seines eigenen Tuns werden läßt; denn das ständige Zanken und Streiten der eifersüchtigen Frauen ist Strafe genug[103], so ging es dem alten Abraham mit Sarah und Hagar, und keiner seiner Nachfolger hatte ein leichtes Los. Beza kostet diesen Gedanken aus, wenn er mitteilt, daß berichtet werde, Mohammed habe nur aus Frauenhaß die Polygamie zugelassen[104].

Die *lex vetus* enthält konkrete Regelungen, die für das Verhalten der Patriarchen und für die Erlaubtheit der Polygamie in ihrer simultanen Form zu sprechen scheinen. Deut. 21,15ff geht von dem Fall aus[105], daß ein Mann zwei Frauen hat, eine, die er liebt, und eine, die er haßt. Beide Frauen gebären ihm Söhne, die verhaßte allerdings zuerst. Angesichts dieser Sachlage verbietet das Gesetz dem Vater, bei der Bemessung der Erbrechte dem Sohn der Verhaßten das Erstgeburtsrecht zu nehmen und es auf den später geborenen Sohn der Geliebten zu übertragen. Offensichtlich geht das Gesetz hier von einer *polygamia simultanea* aus, aber Beza konstruiert nun äußerst trickreich eine *polygamia successiva:* Die Verhaßte hat zuerst geboren und danach geheiratet, die Geliebte hat zuerst geheiratet und danach geboren[106]. Fazit: Zwei legitime Söhne stammen aus zwei legitimen Ehen, die zweite Ehe wurde geschlossen, nachdem die erste (durch Tod?) beendet war. Bleibt allerdings die Frage, warum der Mann nach dem Ende der Ehe mit der Geliebten nun ausgerechnet die Verhaßte heiraten sollte?

Nicht minder problematisch erweist sich Bezas Behandlung des Leviratsgebotes in Deut. 25,5ff[107], wo bestimmt wird, daß, wenn von zwei Brüdern, die beieinander wohnen, einer kinderlos verstirbt, der andere verpflichtet ist, die Witwe seines Bruders zu heiraten und den ersten gemeinsamen Sohn nach dem verstorbenen Bruder zu benennen. Beza faßt auch die Leviratsehe als einen Fall der *polygamia successiva* auf, nach ihm darf nur ein lediger ‚levir' legitimerweise in Anspruch genommen werden. Diese außergewöhnliche Stelle ist restriktiv zu deuten; denn es scheint so, als hätte die *lex vetus* nicht nur die Polygamie, sondern auch den Inzest befohlen, doch eine solche inzestuöse Verbindung wurde gerade in Lev. 18,16 ver-

102 Beza, Tractatio de Polygamia, p. 8.

103 Beza, Tractatio de Polagamia, p. 10.

104 Beza, Tractatio de Polagamia, p. 24.

105 Beza, Tractatio de Polygamia, p. 15 s.

106 Der Theologe Havemann erklärt die Stelle allerdings anders: die Verhaßte ist verstoßen worden oder gestorben, bevor die Ehe mit der Geliebten eingegangen wurde, so in seiner Gamalogia synoptica von 1672 (Anm. 81), lib. III tit. IV n. 2.

107 Beza, Tractatio de Polygamia, p. 16 s.

dammt. BEZA beruft sich für seine Ansicht auf den Wortlaut dieser bedeutsamen Textstelle. Die Rede ist von Brüdern, die beieinander wohnen, aber wann hat man jemals etwas von einem Zusammenleben *verheirateter* Brüder gehört? Folglich handelt es sich bei dem Überlebenden um einen in die Familie aufgenommenen *unverheirateten* Schwager. Diese Auslegung, die auf den ersten Blick hin sogar schlüssig erscheint, ist typisch für den begrenzten Spielraum der biblischen Textanalysen des 16. und 17. Jahrhunderts, denen die historisch-kritische Dimension noch fehlte. Die die Schrift auslegenden Theologen konnten alttestamentliche Vorschriften noch nicht im Kontext wirtschaftlicher und sozialer Lagen vergangener geschichtlicher Epochen begreifen. Daß es sich bei der Leviratsehe um ein kennzeichnendes Moment der Sozialordnung einer altorientalischen Gesellschaft handelte, ist BEZA mithin nicht bewußt geworden; er verstand weithin unterschiedslos das Normgeflecht der *lex vetus* als universelles und außergeschichtlich gültiges Gebot. Die Auseinandersetzung um die Polygamie, und das wird bei BEZA deutlich, zielte im Ergebnis auf das rechte Verständnis der Schrift; auf theologischer wie auf rechtstheoretischer Ebene war damit die Frage nach der bleibenden Normativität der Schriftaussage und der alt- und neutestamentlichen Nachweise des Handelns Gottes aufgeworfen. Wie war die Einsetzung der Ehe *in statu integritatis* zu verstehen: als faktisches Schöpfungsgeschehen, als urbildliche Vorprägung einer idealen, gottgefälligen Ordnung oder als verbindlicher Rechtsakt? Gegen die Vergesetzlichung der ersten Ehe des ersten Menschenpaares wurde damals vor allem vorgebracht, es existiere keine ausdrückliche Vorschrift Gottes, die die Vielehe verbiete und die Einehe gebiete. Die Umstände der ersten, von Gott eingesegneten Ehe, wie die Zweierzahl, seien Bestandteile des Schöpfungsberichtes; als bloße *facta* verpflichteten sie nicht ohne ein *mandatum expressum* Gottes, und man fügte hinzu, ansonsten wären alle Menschen immer noch verpflichtet, in derselben Bekleidung herumzulaufen wie Adam und Eva. BEZA hingegen versteht die *prima matrimonii institutio* im strikten Sinne normativ: „*... et ipsa ordinatio coniugii a Deo perscripta polygamiam prohibet a consequenti*“[108]. Die konstitutiven Elemente dieser *institutio*, so das „*duo in carne una*“ und das „*adhaerebit uxori suae*“, sind als ein *expressum Dei mandatum* zu sehen. Für BEZA liegt das stärkste Argument in der „authentischen Interpretation“, die Christus gegeben hat, der auf die *prima institutio* hinwies, als ein Pharisäer ihn mit der Frage nach der mosaischen Scheidungsfreiheit versuchen wollte: „*Ipse autem Christus filius Dei de divortio disserens, quo negat matrimonium in foro conscientiae unquam fuisse dissolutum, Iudaeos revocat ad illud Dei factum tanquam ad certam et invariabilem regulam*“[109], und: „*Christus hanc vult esse omnis legitimi coniugii normam*“[110].

[108] BEZA, Tractatio de Polygamia, p. 13.
[109] BEZA, Tractatio de Polygamia, p. 31.
[110] BEZA, Tractatio de Polygamia, p. 35.

Daß Christus selbst die erste Einsetzung der Ehe als maßgebliche Norm für ein aktuelles Rechtsproblem Israels heranzog, hat den Polygamieerörterungen eine charakteristische Ausrichtung gegeben. Nunmehr, mit dem in Christus gegebenen Übergang vom Alten zum Neuen Testament, rücken die Zusammenhänge von Polygamie und Ehebruch in den Vordergrund. Christus hat die Scheidung der Ehe als einen Ehebruch und einen Verstoß gegen das Recht der *prima institutio* bezeichnet (Mk. 10,11f; Matth. 5,31f, 19,4ff; Lk. 16,18; 1 Kor. 7,10f). Aber was war unter einem solchen Ehebruch zu verstehen? Fiel unter den Begriff „Ehebruch" jede außereheliche sexuelle Beziehung oder nur die förmliche Verstoßung der Frau? Eine im 16. Jahrhundert verbreitete Ansicht, die auch in der Frühaufklärung des beginnenden 18. Jahrhunderts noch vielfach begegnet, ging von dem alttestamentlichen Verständnis des Ehebruchs aus[111]. Die untreue Ehefrau bricht ihre Ehe immer, der untreue Ehemann jedoch nur dann, wenn er sich mit einer anderen verheirateten Frau einläßt. Bei einem Verkehr mit einer verheirateten Frau ist lediglich der Ehemann dieser Frau der Verletzte; denn der Schutz der geschlechtlichen Integrität der Ehe gilt nur dem verheirateten Mann. Für das Verhältnis von Polygamie und Ehebruch ist daraus zu schließen, daß die Aufnahme einer zweiten oder dritten Frau keinen Bruch der Ehe darstellt; der Ehebruch liegt vielmehr in der Verstoßung der ersten Frau und damit in der Verweigerung der zugunsten der Frau bestehenden sozialen Schutzverpflichtung. Auf diesem Hintergrund wurde die Vereinbarkeit von Polygamie und „*una caro*-Prinzip" behauptet: die Verbindung mit mehreren Frauen hindere den Mann nicht, jede dieser Frauen zu lieben und mit jeder dieser Frauen „ein Fleisch" zu werden. Beza freilich bestritt das ganz entschieden, er hält es für ausgeschlossen, daß jemand mit mehreren Frauen „ein Fleisch" werden könne, jedenfalls nicht in einem Sinne, der dem Geist der Schrift entspreche. Beza, der Verteidiger des Genfer Calvinismus, wendet sich von einem alttestamentlichen Eheverständnis ab und bezieht das *una caro* auf das gemeinsame Versprechen sexueller Treue. Der Gedanke einer auf Ausschließlichkeit, Wechselseitigkeit und paritätische Ordnung gegründeten Intimgemeinschaft leuchtet bei ihm auf. Beza sagt, daß derjenige Mann gegen seine Frau sündigt, der unter Bruch der gegebenen Treue *(„fidem uxori datam violans")* eine andere Frau zu sich nimmt[112]; deutlich wird der Anspruch der Frau auf ungeteilte geschlechtliche Zuwendung des Mannes akzentuiert[113]. Für das Verständnis des „*una caro*-Prin-

[111] Vgl. insbesondere Samuel Pufendorf, De iure naturae et gentium libri octo, Amstelodami 1688, lib. VI. cap. I §§ 17, 18 und Samuel Friedrich Willenberg, Iterata praesidia iuris divini pro defensione thesium suarum de polygamia simultanea …, Francofurti et Lipsiae 1714, cap. II §§ 33–37.

[112] Beza, Tractatio de Polygamia, p. 13.

[113] Bei den Theologen hatte diese Auffassung noch weiterhin Bestand. Der christliche Ehebegriff wurde geradezu den alttestamentlich-vernunftrechtlichen Begriffen entgegengestellt. Zur Problematik des Ehebruchs und der *fides coniugalis* vgl. auch den Danziger Theologen Joachim Weickmann,

zips" bedeutet das: Die Eheleute hören auf, „ein Fleisch" zu sein, wenn ein Partner sich mit einer dritten Person verbindet. Das *una caro* der Geschlechtsgemeinschaft kann nur als Ganzes bestehen, niemals geteilt; wer sich in der Ehe hingegeben hat, hat die Macht über seinen Körper verloren (1 Kor 7,4). Damit bricht derjenige die Ehe, der trotz dieser Bindung seinen Körper einer Dritten zuwendet, *„quia duae uxores non possunt in solidum unius mariti corpus possidere"*[114]. Folglich geht es nach BEZA weniger um die Verstoßung, die das *vinculum* unberührt läßt, als um den Verkehr mit einer weiteren Frau. Im Hinblick auf das Herrenwort folgt daraus: wenn Christus schon denjenigen als einen Ehebrecher bezeichnet, der seine erste Frau entläßt und eine zweite nimmt, dann ist derjenige erst recht des Ehebruchs schuldig, der gleichzeitig mehrere Frauen hat. Die Polygamie stellt einen qualifizierten Ehebruch dar, *„ac proinde adulterium natura sui non tam repugnat matrimonio quam polygamia"*[115]. Damit ist der Verstoß gegen die *lex divina* (Novi Testamenti) erwiesen. Das Polygamieverbot ist ein universell göttlicher Rechtssatz, der nach BEZA nicht zur Disposition der zeitlichen Gewalten steht. Dieser Argumentationsstrang (nämlich *prima institutio*-Ehebruch-Polygamie) hat sich als sehr dauerhaft erwiesen, er findet sich bei BEZA im Jahre 1568 ebenso wie bei CHRISTIAN THOMASIUS im Jahre 1685[116].

IV.

Von dem bedeutenden Theologen der Reformationszeit aus wenden wir uns nun im folgenden verschiedenen Beiträgen der Juristen des 16. Jahrhunderts zu[117], vornehmlich den „Wittenbergern". Dabei ist von einer Eigentümlichkeit des protestantischen Eheschrifttums der damaligen Zeit auszugehen: Die Reformation hatte nicht nur zu einer Veränderung der theologischen Grundlagen geführt, sondern auch erhebliche Unsicherheiten hinsichtlich der Rechtsquellen hervorgerufen. So kam es in der zweiten Hälfte des 16. Jahrhunderts zu einer gewissen Häufung juristischer Ehetraktate, die zu einer Neubestimmung des *ius matrimoniale* reformatorischer Prägung führen sollten. Vornehmlich ging es um die Fortgeltung des *ius canonicum,* um das Verhältnis von kanonischem Recht und römi-

Vindiciae Scripturae Sacrae a pseudhermenia, quae passim in scriptis patronorum polygamias ..., Lipsiae 1713, §§ 9–12.

114 BEZA, Tractatio de Polygamia, p. 33.

115 BEZA, Tractatio de Polygamia, p. 37.

116 CHRISTIAN THOMASIUS, Dissertatio iuridica de crimine bigamiae, vom Laster der zwiefachen Ehe ..., Lipsiae 1685, § 37 ss.

117 Vgl. dazu auch DIETERICH, a. a. O. S. 109 ff.

schem *ius civile*[118], um die Bedeutung eines reformationstheologisch umgeformten *ius divinum.* Im Rahmen dieser Lehrauseinandersetzungen wurde zu Beginn des 17. Jahrhunderts die Traktatensammlung *Tractatus de iure connubiorum* zusammengestellt[119], die einen erleichterten Zugang zu den wichtigsten Eheschriften der Reformationsjuristen bietet[120]. Das Polygamieproblem taucht in fast allen Schriften auf, wird aber durchweg in einer Art und Weise abgehandelt, die zeigt, daß man es nicht gerade als erstrangiges, besonders akutes und drängendes Problem ansah.

Die Wittenberger Juristen knüpften an die theologischen Autoritäten an, zu erwähnen sind insbesondere JOHANNES BRENZ mit seiner Schrift „Wie in Ehesachen Christlich zu handeln sey“, ANDREAS OSIANDERS „Von den verbotenen Heyrathen“, PHILIPP MELANCHTHONS *„Loci de coniugio“* und schließlich jener *„pulcher tractatus* THEODORI BEZAE *contra* BERNARDINUM OCHINUM“[121].

Der namhafte MELCHIOR KLING (1505–1571), der die Rechtswissenschaft des 16. Jahrhunderts vielfältig bereichert hat, geht in seinem 1559 in Frankfurt erschienenen „Tractatus causarum matrimonialium“ bei der Behandlung der Polygamieproblematik von der Ehedefinition *„coniunctio maris et foeminae ... individuam vitae consuetudinem, divini humanique iuris communicationem continens“*[122] aus und entwickelt eine um strenge Schlüssigkeit und Orientierung am Wortlaut der Schrift gleichermaßen bemühte Argumentationslinie. Nach KLING ist im biblischen Schöpfungsbericht die Rede nur von *einem* Mann und *einer* Frau, nicht aber von einem Mann und zwei oder mehreren Frauen, am Anfang wurde also nur *ein* Paar geschaffen. KLING und die Juristen seiner Zeit verstehen diesen Schöpfungsakt und die Exklusivität eines Gattenpaares grundsätzlich normativ: *„Igitur unus masculus non plures foeminas, nec una foemina plures maritos habere debet“*. Die weiteren Überlegungen KLINGS lassen eine beachtliche methodische Fortentwicklung gegenüber den Theologen seiner Zeit erkennen; denn seine Problembehandlung beruht nicht auf einer mehr oder weniger unstrukturierten, rein additiven Bezugnahme auf Belegstellen des Alten und Neuen Testamentes, der Kirchenväter und der antiken und mittelalterlichen Rechtsquellen. Vielmehr wird bei ihm eine Differenzierung zwischen *ius naturale, ius divinum, ius civile* und *ius canonicum* getroffen. Von Interesse ist dabei die Abgrenzung der beiden universellen Rechte, des

[118] Vgl. SPRENGLER-RUPPENTHAL, a. a. O. S. 363–418.

[119] Tractatus connubiorum praestantissimorum iuris consultorum JOACHIMI A BEUST, CONRADI MAUSERI, IOANNIS SCHNEIDEWINI, BASILII MONNERI, MELCHIORIS KLINGII, FRANCISCI HOTTOMANNI ..., Lipsiae 1618.

[120] Vgl. dazu A. SÖLLNER, Die Literatur zum gemeinen und partikularen Recht in Deutschland, Österreich, den Niederlanden und der Schweiz, in: Coing Hdb., II. Bd., 1. Teilbd., S. 574.

[121] JOACHIM A BEUST, Tractatus connubiorum I, p. 106.

[122] MELCHIOR KLING, Tractatus causarum matrimonialium methodo ordine scriptus (Tractatus connubiorum II, p. 213 ss), cap. V n. 1.

Naturrechts und des göttlichen Rechts. Als eine axiomatische Vorgegebenheit des Naturrechts sieht KLING an, daß Gott immer dann, wenn es um die Existenzfrage der Menschheit schlechthin ging, den Menschen bzw. die Kreatur insgesamt, auf das binäre Verhältnis, also auf die gegengeschlechtliche Zweipersonenbeziehung beschränkt hat: einmal bei der Begründung des *genus humanum* im Paradies und dann bei der Sicherung des Überlebens des Menschengeschlechts in Noahs Arche. Während naturrechtlich die Zweierzahl als ein Datum der Schöpfungsordnung anzusehen ist, geht es beim *ius divinum* um die positiven Offenbarungen, also die rechtsverbindlichen Willensäußerungen des Schöpfergottes. Der göttliche Gestaltungswille formt die Institution zur sozialen Grundeinheit, wobei das normative Moment durch die Einsetzungsworte konkretisiert wird (Gen. 2,24): *„Propter hoc relinquet homo patrem et matrem et adhaerebit uxori suae et erunt duo in carne una“*[123]. Als *ius civile* zieht KLING das römische Recht heran, dessen Beachtlichkeit auch bei den Reformationsjuristen außer Frage stand. Das römische Recht bestimmt, daß der polygam lebende Mann infam ist und daß er der Ehebruchstrafe verfällt. Wohl noch bedeutsamer aber ist, daß KLING das Polygamieverbot des kanonischen Rechts, die *prohibitio iuris canonici*[124], weiterhin als geltendes Recht ansah.

In seiner Erläuterung des Institutionentitels *„de nuptiis“* geht auch CONRAD MAUSER (gest. 1548) von der normativen Kraft der Zweierzahl aus. Wenn Gott es anders gewollt hätte, dann wäre es ihm mühelos möglich gewesen, aus den Rippen des Adam zwei oder mehrere Frauen zu erschaffen. Was die verfänglichen Beispiele des Alten Testamentes angeht, so statuiert er kurz und bündig: *„Sed in veteri testamento multa permittebantur, quorum exemplis hodie uti non licet“*[125]. Als geltendes Recht ist die *poena stupri* des römischen und kanonischen Rechts heranzuziehen.

Der bekannte Wittenberger Jurist JOHANN SCHNEIDEWIN (1519–1568) geht in seinem Institutionenkommentar (zu Titel X *de nuptiis*) nicht nur von der Ehedefinition *„viri et mulieris legitima coniunctio“*[126] aus, sondern hebt auch das subjektive, emotionale Moment hervor, nämlich daß der *„affectus coniugalis“* nicht auf mehrere Frauen verteilt werden könne. Im übrigen weist auch SCHNEIDEWIN auf die Einsetzung der Institution im Paradies und auf ihre Wiederherstellung durch Christus hin, nachdem die Menschheit mit Duldung Gottes von dem Gebot des Anfangs abgefallen war. SCHNEIDEWIN, für den die Polygamie primär ein Problem des positiven Rechts ist, unterwirft die Ahndung der Polygamie dem römischen Recht,

123 KLING, l. c. n. 48.
124 KLING, l. c. n. 50.
125 CONRAD MAUSER, Explicatio erudita et utilis X. tituli instit. de nuptiis (Tractatus connubiorum I, p. 297 ss), p. 328.
126 JOHANN SCHNEIDEWIN, De nuptiis (Tractatus connubiorum I, p. 398 ss) p. II, n. 2.

das allerdings nunmehr ergänzt wird durch die „Carolina"[127], die in Art. 121 die Kapitalstrafe vorsieht.

Der kursächsische Rat und Wittenberger Professor JOACHIM VON BEUST (1522–1597) hat mit seinem sehr umfang- und materialreichen ‚Tractatus de iure connubiorum' das Standardwerk des protestantischen Eherechts des 16. Jahrhunderts verfaßt. Darin wird auch das Problem der Polygamie behandelt, und zwar vor allem das so schwer zu erklärende oder gar zu rechtfertigende Beispiel der alttestamentlichen Vielehen, das BEUST mit einer eleganten sprachlichen Wendung umschreibt: *„Non enim polygamia de iure scripto permissa fuit, quia talia Patrum exempla admiranda et non imitanda sunt"*[128]. Bei dieser Verwunderung kann er es nun nicht belassen, schließlich handelt es sich nicht um irgendein belangloses Volk des alten Orients, sondern um die Väter des Alten Bundes, und BEUST bemüht sich um das Kernproblem, wie sich die polygame Praxis der Patriarchen rechtfertigen läßt. Bekanntlich hatte sich seit den Tagen der Patristik ein fester Kanon von Rechtfertigungsgründen herausgebildet, die in verschiedenen Varianten seit eh und je ständig vorgetragen wurden. Auch BEUST bedient sich dieses Arsenals; sein Gedankengang stellt sich in aller Kürze wie folgt dar: Nur derjenige sündigt, der aus eigenem Antrieb und fleischlicher Lust mehrere Frauen nimmt. Wer jedoch aufgrund göttlicher Eingebung und Konzession *(divina inspiratione et concessione)* handelt, begeht keine Sünde. Für die Väter gilt das zweite. Die Väter sind nicht *libidinis gratia* polygam geworden, sondern in dem Bemühen, entsprechend der göttlichen Weisung die Erde rasch mit Menschen anzufüllen. Die Väter waren sehr tugendhafte und gottesfürchtige Männer, ihr gutes Gewissen *(bona conscientia)* deckt die Flecken zu, die durch die Polygamie entstanden sind. Obendrein folgten sie nur den politischen Sitten *(mores politici)* ihrer Zeit. Aber ein Unbehagen blieb doch: *„Sed quidquid sit, quaerendum non est, quomodo excusandi sint Patres, quia Sancti non sunt sine vitiis"*[129]. *Ein* Argument hatte allerdings eine starke Überzeugungskraft: Die Erzväter waren vor allem deswegen um eine rasche Vermehrung besorgt, weil aus ihrem Stamm der Erlöser kommen sollte. In dieser Erwartung wollten die Patriarchen möglichst eng geschlossen bleiben und ihre Töchter nicht fremden Heiden geben, die diese Hoffnung nicht teilten; BEUST beruft sich insoweit auf keinen Geringeren als TERTULLIAN.

Besonders ausführlich behandelte BASILIUS MONNER (gest. 1566), der Wittenberger Jurist, der später Professor in Jena wurde, in seinem Ehetraktat die Polygamie[130]. Die Motive, die wahrscheinlich MONNER zu seiner eingehenden Darstel-

[127] SCHNEIDEWIN, 1. c. n. 5.

[128] JOACHIM A BEUST, Tractatus connubiorum (Tractatus connubiorum I, p. 1 ss), Pars II, III.

[129] BEUST, Tractatus connubiorum 1 c.

[130] BASILIUS MONNER, Tractatus de matrimonio in genere (Tractatus connubiorum II, p. 1 ss), Pars I cap. IV–VI.

lung veranlaßt haben, legt er nicht unmittelbar dar. Seine Überlegungen gipfeln in einer scharfen Polemik gegen diejenigen Theologen, die in bestimmten Ausnahmefällen polygame Verbindungen gestatten wollen, nach deren Ansicht die Polygamie ein Adiaphoron ist, so daß kein absolutes Verbot besteht, die Mehrehe vielmehr in Fällen einer unabweislichen *necessitas* gestattet werden kann[131], z.B., wenn es einem Mann aus zwingenden Gründen unmöglich sei, sich mit nur einer Frau zu begnügen. Hiergegen richtet sich MONNERS Attacke, der davon ausgeht, daß Gott die Ehe als Einehe eingesetzt hat (*„ut sint tantum duo in carnem unam, non plures"*). Was aber dem göttlichen Gesetz widerspricht, kann für ihn niemals eine *res indifferens ac libera* sein. Namen nennt MONNER nicht, doch der konkrete Vorgang, den er im Auge hat, läßt sich unschwer identifizieren. MONNER zielt auf die Doppelehe PHILIPPS VON HESSEN, die noch lebhaft vor aller Augen stand. Ziemlich leichtfertig hatten namhafte Theologen dem Landgrafen eine solche *necessitas* zugebilligt[132]. Im übrigen bewegt sich MONNER in vertrauten Bahnen. Die Beispiele der alttestamentlichen Polygamie werden ventiliert, hier bleibt ihm nur ein Trost: *„Quae res erat viris onus magis, quam beneficium"*. Wesentlich für die Bestimmung des *ius divinum* ist die Bezugnahme Christi auf das *„coniugium a Deo ... institutum et ordinatum"*; mit dieser Berufung auf das Gesetz des Anfangs hat Christus eine Gewohnheit mißbilligt, die Moses noch gestattet hatte. Nach alledem kann MONNER feststellen, *„polygamiam omni iure prohibitam esse, non solum iure positivo et humano, sed etiam iure naturali et divino, et nocere moribus cum publice tum privatim ..."*[133].

Bevor das 16. Jahrhundert verlassen wird, soll noch ein kurzer Blick über die Grenze geworfen werden und zwar auf den dänischen Theologen NIELS HEMMINGSEN (1513–1600)[134], der zum Wittenberger Kreis gehörte, bevor er seine Lehrtätigkeit in Kopenhagen aufnahm. HEMMINGSENS umfangreiches und in vielen Druckauflagen verbreitetes Werk spiegelt in typischer Weise den Denk- und Arbeitsstil des Reformationsjahrhunderts wider. Zu diesem Werk gehört auch eine eherechtliche Arbeit, der um 1572 entstandene „Libellus de coniugio"[135], eine Schrift, die repräsentativ ist für die Reformationsjurisprudenz; ihre weite Verbreitung sicherte ihr einen erheblichen Einfluß.

131 MONNER, Tractatus de matrimonio, Pars I cap. VI.

132 Vgl. oben zum „Beichtrat" LUTHERS S. 20.

133 MONNER, Tractatus de matrimonio, Pars I cap. VI n. 18.

134 D. TAMM, Nolo falcem in alienam messem mittere. Der dänische Theologe Niels Hemmingsen (1513–1600) aus juristischer Sicht, in: Gerichtslauben-Vorträge (Freiburger Festkolloquium zum 75. Geburtstag v. Hans Thieme), hg. v. K. KROESCHELL, Sigmaringen 1983, S. 47–56.

135 NICOLAUS HEMMINGIUS, Libellus de coniugio, repudio et divortio ..., Lipsiae s. d.; hier wird der Abschnitt *„de secundo polygamiae genere"* behandelt, das *primum polygamiae genus* betrifft die sukzessive Polygamie.

HEMMINGSEN, der Theologe (!), bemüht sich um eine rechtstheoretische Deutung des Polygamieproblems. *Exempla particularia* sind für ihn nicht geeignet, eine *universalis regula* zu entkräften, wie sich schon an Hand der *lex Mosis* zeige. Die universelle Regel lautet, daß niemand die Frau seines Bruders heiraten darf, da es sich um eine inzestuöse Verbindung handeln würde (Lev. 18,16). Nichtsdestoweniger hat Gott in dem speziellen Fall der Leviratsehe durch eine besondere Vorschrift angeordnet, daß der überlebende Bruder die Frau des kinderlos verstorbenen Bruders heiraten soll. Es handelt sich insoweit um einen *extraordinarius casus*, der wegen seiner *particularis ratio* nicht verallgemeinerungsfähig ist, und der folglich die generelle Regel unberührt läßt. Die *universalis regula* für die *institutio* ist in dem Schriftwort *„erunt duo in carne una"* gegeben, den Sonderfall stellt die Polygamie der Patriarchen dar.

Die Originalität der Überlegungen HEMMINGSENS liegt aber auf einem anderen Gebiet, nämlich auf dem, modern gesprochen, individual- und sozialpsychologischen Feld. Was würde die Polygamie tatsächlich für die Gattenliebe, für die geschlechtlichen Beziehungen und für den Umgang der Eheleute miteinander bedeuten? Aber hören wir HEMMINGSEN selbst, zunächst zum *amor coniugium:*

> *„Maximus et integerrimus amor debet esse coniugum inter sese. Solidus amor et ex omni parte aequalis est maximus et integerrimus. Igitur coniugum amor solidus et ex omni parte aequalis esse debet. Nunc autem natura duce intelligimus, duorum tantum inter se amorem posse esse solidum, et ex omni parte aequalem, ut qui aemulatione careat, et non duorum aut plurium ad unum. In hunc enim aemulatio cadit, qui reddit amorem languidiorem, et inaequalem ...".*

Zum ehelichen „debitum" der Gatten und zu den natürlichen Leistungsgrenzen führt er aus:

> *„Recta ratio in omnibus sanis dictat, quod nemo debeat se obligare ad aliquid cui par esse nequeat. Iam autem fieri non potest, ut unus vir peraeque obligari possit pluribus uxoribus, sicuti uni soli. Quare cum natura pugnat unius viri cum pluribus uxoribus copula".*

Zur „Goldenen Regel" des Naturrechts und damit zu einem beachtlichen Aspekt sexueller Gleichberechtigung, findet sich die Aussage:

> *„Ius naturae est, ut nemo faciat alteri quod sibi nolit fieri. Cum ergo maritus nolit uxorum suam pluribus misceri viris, debet et ipse una uxore contentus esse. Cum autem hoc ius analogum violatur, vis fit legi naturae, et iniuria alteri coniugum".*

Schließlich meint HEMMINGSEN mit Blick auf den ehelichen Alltag polygamer Verbindungen:

„Pax domestica est summa coniugum felicitas, ut discordia summa miseria. Verum haec pax domestica conservari non potest, si unus maritus plures habet uxores. Fieri enim nequit, quin zelo quodam mulierculae adversus se mutuo inflammentur, unde iuriga, convitia, negligentia in officiis praestandis, breviter, totius familiae perturbatio, et eversio tandem, quibus malis quid quaeso potest esse miserius? Cum igitur natura pacem domesticam postulet, polygamiae manifeste adversatur".

Alles in allem können wir sagen, daß bei HEMMINGSEN das Gespür dafür deutlich wird, daß der Hinweis auf die *pax domestica* für den zeitgenössischen Betrachter wesentlich mehr Plausibilität entwickeln konnte als jede kontroverse Deutung der *lex vetus.*

V.

Der Übergang zum 17. Jahrhundert bedeutet den Eintritt in das konfessionelle Zeitalter[136], in die Epoche der (lutherischen) Orthodoxie[137] und des sich verhärtenden Konfessionalismus. Der geistige Zuschnitt der Zeit des Hochbarock hat gemeinhin wenig freundliche Charakterisierung gefunden; Theologie, Philosophie und Jurisprudenz des 17. Jahrhunderts zeichnen sich dadurch aus, daß die immense Fülle des geschriebenen und gedruckten Wortes im umgekehrten Verhältnis zur intellektuellen Beweglichkeit der jeweils tonangebenden Fachvertreter steht. Das Jahrhundert zwischen Reformation und Aufklärung erscheint weithin als eine Epoche der Erstarrung, der Veräußerlichung, des Verfangenseins in eine schier endlose Kette müßiger Lehrstreitigkeiten. Aberglaube, Intoleranz, Schreibwut und Autoritätenkult („Schularistotelismus") werden zu Attributen einer Theologie und einer Jurisprudenz, die unter der lähmenden Enge des konfessionellen Obrigkeitsstaates leiden. Der Dogmatismus einer üppig wuchernden Kontroverstheologie wird zum Signum einer Zeit, in der das öffentliche Leben vom Konfessionshader und den Abschottungen eines partikularen Staatskirchentums bestimmt ist. Sicherlich gilt es hier zu relativieren; denn jede allzu griffige Charakterisierung aus dem besseren Wissen der Nachgeborenen erfaßt stets nur einen Teil der Wahrheit, und zunehmend wird heute deutlicher, daß die lutherische Orthodoxie besser war als ihr Ruf[138]. Glaubenstiefe einerseits und dogmatisch-systematische Absicherung der Glaubensinhalte andererseits sind die beiden Seiten

136 Vgl. die ebenso profunde wie komprimierte Darstellung von M. HECKEL, Deutschland im konfessionellen Zeitalter, Göttingen 1983.

137 Vgl. dazu aus der neueren Literatur: Orthodoxie und Pietismus (Gestalten der neueren Kirchengeschichte 7), hg. v. M. GRESCHAT, Stuttgart 1982.

138 Vgl. dazu H. LEUBE, Orthodoxie und Pietismus. Gesammelte Studien, Bielefeld 1975.

einer Medaille. Festzuhalten bleibt jedoch, daß das (an Zahl) gewaltige Schrifttum des 17. Jahrhunderts durchweg auf Sammlung, streitige Erörterung und Bewahrung des Vorhandenen hinzielte; Neuerungen und Veränderungen finden sich selten. Was anwächst, ist vor allem die erstaunliche Vielfalt gelehrter Ornamentik; Theologen und Juristen unterscheiden sich hier kaum, gerade auf dem Gebiet des Eherechts wachsen sie oft ununterscheidbar zusammen[139].

Auf diesem Hintergrund soll nun zunächst ein berühmter Streittheologe zu Wort kommen, Abraham Calov (1612–1686)[140], der in besonders kennzeichnender Weise die Verbindung von orthodoxem Luthertum und lutherischem Staatskonfessionalismus verkörperte. Als Professor in Königsberg, Danzig und schließlich (1650) in Wittenberg, sowie als Prediger und kursächsischer Generalsuperintendent hat er eine beachtliche Flut von Kontroversen und Streitschriften hervorgebracht und „im Gedächtnis der Nachwelt lebt er fort als der Prototyp des lutherisch-orthodoxen Streittheologen"[141]. Im immensen Werk Calovs stellt die hier einschlägige „Disputatio theologica de Polygamia" von 1676[142] nur einen kleinen Baustein eines mächtigen Œuvres dar.

Calov war ein führender Repräsentant der Hochorthodoxie des 17. Jahrhunderts und in seiner wissenschaftlichen Ausrichtung ein typischer Vertreter des Schularistotelismus; die Originalität seiner Arbeit liegt primär in einer akzentuierten Methode. Kennzeichnend für den (lutherischen) Schularistotelismus ist das Bemühen, an der Schrift orientiertes Denken mit der klassischen Philosophie in Einklang zu bringen. Die Heilige Schrift wurde zum Inbegriff des Vernünftigen; die übernatürlichen Wahrheiten des Wortes Gottes werden dann der Vernunft zugänglich, wenn die kanonisierten Vernunftsregeln der klassischen Philosophie zur Anwendung kommen. Daraus resultierte das Streben nach logischen Schlüssen, schließlich das grundsätzliche Bemühen, jede Beweisführung aus der Schrift in Syllogismen einzubinden. Die Formalisierungstendenz griff jedoch noch weiter, und die Schrift wurde in einem geradezu extremen Maße vergesetzlicht, die lebendige, bewegliche Kraft des Evangeliums erstarrte zur lenkenden und richtenden Gebots- oder Verbotsnorm. Die Trennmauern zwischen *forum internum* und *forum externum* fielen, die Bibel wurde als aktuell geltender Rechtskodex behandelt[143]. So unterschied sich die Argumentationsweise der Theologen kaum noch von der der Juristen, allenfalls zeigte sich bei den Theologen eine noch ausgeprägtere Neigung zur begrifflichen Präzision.

[139] Vgl. dazu Dieterich, a. a. O. S. 167ff.
[140] Vgl. dazu J. Wallmann, Art. Calov, in: TRE Bd. VII, S. 563–568 (Lit.).
[141] Wallmann, a. a. O. S. 568.
[142] Disputatio theologica de Polygamia ... sub praesidio Abrahami Calovii ..., Wittebergae 1671.
[143] Zur Problematik des *ius divinum* grundlegend jetzt die Arbeit von U. A. Wolf, Ius Divinum. Erwägungen zur Rechtsgeschichte und Rechtsgestaltung, München 1970, hier bes. S. 57ff.

Bemerkenswert ist, daß Calov bei der Behandlung des Polygamiekomplexes die höchst problematischen Aussagen über die Geschichte und das Verhalten der Patriarchen weitgehend ausklammert. *Sedes materiae* ist für ihn eindeutig das Neue Testament und dort vor allem Matth. 19,4 ff[144], doch gibt es für ihn kein spezifisch neutestamentliches Eheverständnis; denn Christus hat nur die *primaeva coniugii institutio* wiederhergestellt[145]. Somit gelten die Einsetzungsworte des Anfangs, das *„erunt duo in carne una"*, und zwar in dem Sinnzusammenhang, der *„a Christo, optimo sacri codicis interprete"*[146], verdeutlicht wurde. Alle Abweichungen von der *lex prima* sind nur notgedrungene (befristete) Zugeständnisse an die menschliche *durities cordis* (*σκληροκαρδία*). Soweit die politische Norm den Juden bestimmte Freiheiten gewährt hatte, sind diese mit der Ankunft Christi aufgehoben, die *lex prima (erunt duo in carne una)* gewinnt ihre ursprüngliche Bedeutung und unverfälschte Klarheit zurück. Kernpunkt bleibt auch für Calov das Ehebruchsargument, Ehebruch ist nach Christus nicht die Entlassung der ersten Frau, sondern die *superinductio ulterius uxoris.* Wenn schon die sukzessive Bigamie (hier im Sinne der Verstoßung der ersten Frau und Eheschließung mit einer anderen Frau) einen Ehebruch darstellt, um wieviel mehr muß dann die simultane Polygamie ihrer Natur nach als Ehebruch verstanden werden. Calov bekräftigt, daß, entgegen dem mosaischen Gesetz, auch die Ehefrau Anspruch auf eheliche Treue hat. Das *una caro* ist nicht als bloßes Verbot der *dimissio*, sondern *sensu exclusivo*[147] als ein Verbot der *fidei coniugalis violatio*[148] auszulegen. Das unterscheidet die eheliche Gemeinschaft von anderen Gemeinschaften wie der *societas paterna* und der *societas herilis;* denn schließlich kann ein Vater mehrere Kinder haben und ein Herr mehrere Knechte. Der Begriff *duo* ist jedoch ausschließlich zu nehmen, *„adeoque vi primaevae institutionis non plures una uxore cum uno marito in una carne esse seu coalescere debeant"*[149].

Calov mußte schon deshalb die neutestamentlichen Textstellen zum Ausgangspunkt seiner Beweisführung nehmen, da er aus theologischer Sicht eine Einheit des Alten und Neuen Testamentes behauptete; die rigide neutestamentliche Eheauffassung lieferte ihm den Maßstab für die Interpretation der fragwürdigen, eine eher laxe Ehemoral bezeugenden Berichte des Alten Testamentes. Verschiedene Theologen haben die Ansicht verbreitet, daß hinsichtlich der Polygamie im Alten Testament ein Verhalten erlaubt gewesen sei, das Christus später im Neuen Testament

[144] Calov, de Polygamia, insbesondere caput II.
[145] Vgl. ferner Michael Siricius, Uxor una ex iure naturae et divino ..., Giessae Hassorum 1669, p. 101 ss.
[146] Calov, de Polygamia, caput II § II.
[147] Calov, de Polygamia, l. c. caput II § III.
[148] Calov, de Polygamia, l. c. caput II § V.
[149] Calov, de Polygamia, l. c. caput II § III.

verboten habe. CALOV[150] bekämpfte diese Meinung als grundfalsch[151]. Sie war für ihn schlechthin unvereinbar mit zwei axiomatischen Vorstellungen der lutherischen Schulorthodoxie: Einerseits ist das Naturrecht als höchste Verkörperung des göttlichen Rechts ewig und unwandelbar[152], so daß es mit gleichem Inhalt in den Zeiten des Alten und des Neuen Testamentes Geltung hatte, andererseits würde eine Veränderung dessen, was kraft göttlichen Rechts erlaubt oder unerlaubt sein soll, voraussetzen, daß Christus als selbständiger Gesetzgeber gehandelt habe. Die Annahme, daß Christus als *novus legislator*[153] aufgetreten sei und etwas von den alttestamentlichen Offenbarungen Abweichendes angeordnet habe, erfüllte die streng trinitarisch orientierten Lutheraner mit nicht gelindem Entsetzen; nur eine kompromißlose Einheitsbetrachtung konnte einer solchen (sozinianischen) Ketzerei vorbeugen[154].

Letztlich wird also das Polygamieverbot als Grundsatz des unwandelbaren Naturrechts[155] abgesichert[156]. Das ergibt sich aus folgendem: Das Naturrecht ist das göttliche Recht des *status integritatis*[157], so die einhellige Lehre der protestantischen Orthodoxie[158]. Der Dekalog ist nichts anderes als eine Wiederholung des ursprünglichen Rechts des Unschuldstandes. Das sechste Gebot verbietet den Ehe-

150 CALOV, de Polygamia, 1. c. caput III § I.

151 Der gegenteilige Standpunkt wird nochmals breit ausgeführt in der material- und umfangreichen Schrift des Königsberger Kathedralpastors und Theologieprofessors MELCHIOR ZEIDLER, Tractatus de Polygamia, in quo disquiritur, an sit contra ius naturae aut contra ius divinum sub N. T. ut circa eam dispensari nequeat?, Helmstadi 1690. ZEIDLERS Kernpunkte sind: Die Polygamie in Form der Polygynie ist keinesfalls dem Naturrecht zuwider; Gott hat den Juden die Mehrehe gestattet, dementsprechend läßt die *lex Mosaica* die Polygamie ausdrücklich zu. Somit kann der *lex vetus* nichts gegen die Polygamie entnommen werden. Erst Christus hat die Polygamie verboten, der Ursprung des Polygamieverbotes liegt also in der neutestamentlichen *lex divina positiva.* Dieses positive Gesetz ist eine universelle Norm der gesamten Christenheit. Deshalb kann kein menschlicher Gesetzgeber davon dispensieren. Der Princeps hat lediglich eine Dispensationsmacht über solche Gesetze, die er erlassen hat oder die seinen Gesetzen gleichrangig sind, höherrangiges göttliches Gesetz bindet auch ihn. Die Thesen ZEIDLERS widersprachen offensichtlich dem orthodoxen Luthertum.

152 CALOV, de Polygamia, 1. c. caput III § II.

153 CALOV, de Polygamia, 1. c. caput III § IV et passim.

154 Dieser Einschätzung folgt aber auch CHRISTIAN THOMASIUS, Dissertatio iuridica de crimine bigamiae, vom Laster der zwiefachen Ehe ..., Lipsiae 1685 § 23. Kritisch zu THOMASIUS und der vernunftrechtlichen Behandlung des Polygamieproblems GOTTLIEB GERHARD TITIUS, Dissertatio iuridica de Polygamia, incestu et Divortio iure naturali prohibitis ..., Lipsiae 1712, cap. I.

155 Entsprechend mit reichhaltigen Quellenbelegen GEORG BALTHASAR MASCOV, Polygamia legi naturae repugnans, Gryphiswaldiae 1692.

156 Die thomistischen Differenzierungen des Naturrechtsbegriffs hinsichtlich principia und conclusiones kamen hingegen bei dem hessischen Theologieprofessor MICHAEL SIRICIUS zum Zuge: Uxor una ex iure naturae et divino, moribus antiquis et constitutionibus imperatorum et regum ..., Giessae Hassorum 1669, p. 45 ss. Vgl. dazu MICHAEL HAVEMANN, Gamalogia synoptica (Anm. 81).

157 CALOV, de Polygamia, caput II § XI.

158 Zur protestantischen Naturrechtsauffassung vgl. HANS-PETER SCHNEIDER, Iustitia universalis. Quellenstudien zur Geschichte des ‚christlichen Naturrechts' bei Gottfried Wilhelm Leibniz, Frankfurt a. M. 1967, S. 119 ff.

bruch und Christus hat gezeigt, daß die Polygamie ein (qualifizierter) Ehebruch ist. Folglich widerspricht die Polygamie dem Naturrecht. Dieses Naturrecht läßt als ewige *lex moralis* keine Veränderungen zu („*quia obiectum Iuris Naturae bonum ac malum est intrinsece et per se*"[159]). Daraus ist zu schließen, „*quod lex de Polygamia sit moralis, quae perpetuae est obligationis*"[160].

Wie läßt sich aber angesichts einer solchen *lex moralis* das Verhalten der Erzväter erklären? An sich geht die Unwandelbarkeit des Naturrechts, laut CALOV[161], so weit, daß es nicht einmal von Gott selbst verändert werden kann. So bleibt die Polygamie als Verletzung der *lex moralis* trotz göttlicher Konzessionen Sünde. Allerdings hat Gott den Patriarchen aus singulären Gründen eine *specialis dispensatio*[162] erteilt. Gerade der Begriff der Dispens setzt ein Verbotsgesetz voraus: Wird vom Polygamieverbot dispensiert, so ist und bleibt die Polygamie naturrechtswidrig. Diese seltsame *specialis dispensatio* gilt jedoch nur für die Patriarchen, ausdrücklich schärft CALOV ein: „*Cave tamen, ne ... illam dispensationem communem facias omnibus gentibus ...*"[163].

Ungeklärt und umstritten unter den protestantischen Theologen blieb die Frage, wie die Duldsamkeit Gottes gegenüber den alttestamentlichen Vätern zutreffend qualifiziert werden könnte, als *dispensatio*, als *permissio* oder als *tolerantia*[164]. Für eine *divina dispensatio* tritt neben anderen der bremische Generalsuperintendent MICHAEL HAVEMANN (1597–1672) ein[165], der meint, Gott habe die Patriarchen von der Verpflichtung auf das göttliche Gesetz *(„ab obligatione legis positivae sive a primaeva Coniugii institutione")* befreien können; denn jeder Gesetzgeber, also auch Gott, könne von der Verbindlichkeit *seines* Gesetzes dispensieren. Damit entfällt auch, was umstritten war, die Sündhaftigkeit des Verhaltens der Patriarchen *(„ubi autem cessat obligatio ex lege, ibi cessat peccatum")*. Nun bereitete die Annahme einer *divina dispensatio* vom positiven Gesetz, der *lex divina positiva*, keine sonderlichen Schwierigkeiten, aber anders lagen die Dinge, wenn die Polygamie als naturrechtswidrig angesehen wurde, und das war damals geradezu die *communis opinio*. Nach dem immer noch gültigen scholastischen Ansatz band ja das Naturrecht auch Gott selbst. HAVEMANN griff in dieser Frage nun auf Überlegungen der spanischen Spätscholastik zurück. War denn nicht zu unterscheiden zwischen einem *ius naturae primarium* und einem *ius naturae secundarium*? Das erste wird aus den klaren Erkenntnisgründen der Natur gewonnen, das zweite

159 CALOV, de Polygamia, l. c. caput III § II.
160 CALOV, de Polygamia, l. c. caput II § VIII.
161 CALOV, de Polygamia, l. c. caput III § II.
162 CALOV, de Polygamia, l. c. caput IV.
163 CALOV, de Polygamia, l. c. caput IV § IX.
164 Vgl. dazu die Nachweise bei MICHAEL HAVEMANN, Gamalogia synoptica (Anm. 81), lib. III tit. IV n. 3.
165 Zum folgenden MICHAEL HAVEMANN, Gamalogia synoptica (Anm. 10), lib. III tit. IV: De Polygamia simultanea (insgesamt).

beruht nur auf abgeleiteten Schlüssen und wird durch einen herrschenden Konsens bewiesen. In dieser Unterscheidung bot sich der Schlüssel zur Lösung des Dispensationsproblems bei der Polygamie an: Die Polygamie verstößt nicht gegen das primäre Naturrecht, ist also ihrem Wesen nach nicht absolut verwerflich; denn immerhin werden die hauptsächlichen Ehezwecke der Erzeugung und Erziehung der Kinder nicht behindert, im Gegenteil sogar eher begünstigt. Die Polygamie verletzt jedoch das sekundäre Naturrecht, da sie zwangsläufig *iurgia domestica* hervorrufen muß; Haß, Eifersucht und Streit entstehen sowohl unter den rivalisierenden Ehefrauen wie unter den von verschiedenen Frauen geborenen Kindern. Aber der Hausfriede ist nun einmal nur ein relativer Wert; von einem solchen Naturrecht kann nach Havemann ohne weiteres die *divina dispensatio* erteilt werden.

Über diese Anleihen bei den sonst so verpönten Scholastikern und Kanonisten hinaus wird ein Methodenwandel in der theologischen Beweisführung deutlich. Es geht in der hier behandelten Frage nicht mehr um die prekäre Verhältnisbestimmung von Altem und Neuem Testament, bei der ausschließlich biblische Argumente auf die Waagschalen gelegt werden. Vielmehr herrscht ein ungezwungener Eklektizismus vor, der bereits zuvor das profane Schrifttum kennzeichnete. Havemann nennt Gott, Christus, Seneca, Thomas v. Aquin, Covarruvias und die Sitten fremder Völker in einem Atemzug, wenn er seine Ansichten belegen will.

Von den frühen Juristen des 17. Jahrhunderts hat vor allem Henning Arnisaeus (1575–1636)[166] in seinem „De iure connubiorum Commentarius politicus" eine gründliche Abhandlung über die Polygamie geschrieben[167], eine an Lebendigkeit und Belesenheit herausragende Darstellung. Arnisaeus, der Staatsdenker und Mediziner, dessen Schrift die Kenntnis einer staunenswerten Fülle von antiken, mittelalterlichen, juristischen, narrativen und literarischen Quellen widerspiegelt, ist um eine „historische" Sicht des Polygamieproblems bemüht, indem er vom Alten Testament und der altorientalischen Welt zum Neuen Testament und dem christlichen Europa Schritt für Schritt voranschreitet. Arnisaeus gehört zur strengen Richtung des lutherisch-aristotelischen Wissenschaftssystems, kompromißlos befindet er, daß es angesichts der ewigen Moralnormen des göttlichen Rechts und des Naturrechts keinerlei Rechtfertigung für das polygame Verhalten der alttestamentlichen Patriarchen gebe. Nicht zufällig sei die Polygamie von Lamech, dem Nachkommen Kains, ausgegangen, mit Lamech sei auch die Mehrehe von Anfang an verdammt[168] worden. Dieses verwerfliche Verhalten infizierte dann später die eigentlichen *Sancti Patres.* Zwar pflegten die Theologen zu behaupten, daß die

[166] Vgl. dazu H. Dreitzel, Protestantischer Aristotelismus und absoluter Staat. Die ‚Politica' des Henning Arnisaeus (1575–1636), Wiesbaden 1970.

[167] Henning Arnisaeus, De iure connubiorum Commentarius politicus, Francofurti 1613, caput IV, sect. I–sect. IV.

[168] Arnisaeus, De iure, l. c. sect. II; vgl. auch Michael Siricius, Uxor una, p. 15 ss.

Patriarchen zwar gegen die *lex prima (una caro)* verstoßen hätten, daß aber ihr polygames Leben durch einen speziellen Dispens Gottes gestattet gewesen sei. ARNISAEUS hält die bisher vorgetragenen Rechtfertigungsversuche für Hirngespinste: Die Erzväter hätten sich nicht auf einen Irrtum berufen können, wiewohl es richtig sei, daß im ganzen Orient die Polygamie eine verbreitete Gewohnheit gewesen sei. Aber mit einer Unkenntnis der *lex divina* und des Naturrechts könne sich niemand entschuldigen, schon gar nicht die Patriarchen, die in einer ständigen Verbindung mit Gott gestanden hätten. Die gängige Behauptung, daß die Polygamie wegen der raschen Vermehrung des Menschengeschlechts gestattet worden sei, vermag ARNISAEUS nicht zu überzeugen. Niemand könne ihm einreden, daß es im frühesten Stadium der werdenden Welt nicht möglich gewesen wäre, den Erdkreis auch ohne die Polygamie zu bevölkern, Gott hätte ja auch nur *eine* Frau mit der notwendigen Fruchtbarkeit ausstatten können. Das Gesetz des Anfangs, das ARNISAEUS als Naturrecht und promulgiertes Gesetz begreift, sei nirgendwo ausdrücklich von Gott aufgehoben worden. Zwar habe Gott als Gesetzgeber unbestreitbar die Macht *(potestas)*, sein eigenes Gesetz zu widerrufen, aber dazu müßte auch ein entsprechender Wille *(voluntas)* nachgewiesen werden: „*Verum, ut de potestate certi, ita de voluntate Dei prorsus incerti sumus*"[169]. So spricht im Grunde alles für ein sündhaftes Verhalten der alten Väter: „*Multitudo vero uxorum, repugnat tum primae institutioni divinae, tum iuri naturae quorum neutrius ignorantiae praetextus quenquam excusat a crimine*"[170]. Es helfe den Vätern kein fiktiver Dispens, sondern nur das Erbarmen Gottes[171]. Mit dieser Ansicht befand sich ARNISAEUS keineswegs allein, so war z. B. der Gießener Jurist JOHANN KITZEL (1574–1627) der Ansicht, daß Gott niemals die *lex primaeva connubialis* aufgehoben oder einen ausdrücklichen Dispens erteilt habe; allerdings wollte KITZEL eine bloße Duldung annehmen, mit der Gott die sonstigen Verdienste der Erzväter belohnt habe[172].

Das Naturrecht der Ehe verwirklichte sich für ARNISAEUS in den drei Ehezwecken: der *generatio et educatio liberorum*, dem *mutuum adiutorium* und der *compescentia libidinis*. Allen drei Zwecken widerstreite die Polygamie[173]. Eine sinnvolle und ruhige Erziehung sei bei Kindern, die aus zwei oder mehreren Ehen stammten, nicht denkbar. Die Gattenliebe und wechselseitige Unterstützung duldeten keine Rivalitätsverhältnisse. ARNISAEUS weist auf den Apostel Paulus hin, der gesagt habe, daß „*vitandae fornicationis gratia*" ein jeder Mann seine *eigene* Frau und

169 ARNISAEUS, De iure, l. c. sect. II n. 14.
170 ARNISAEUS, De iure, l. c. sect. II n. 10.
171 ARNISAEUS, De iure, l. c. sect. II n. 27.
172 JOHANN KITZEL, Synopsis matrimonialis theoretico-practica ..., Giessae Hassorum 1620, caput III theorema I (n. g.).
173 ARNISAEUS, De iure, cap. IV sect. III.

eine jede Frau ihren *eigenen* Mann haben solle (1 Kor. 7,2), und pointiert fragt er: „*Quomodo vero unus vir tot mulierum decadibus, ad compescendam libidinem, satisfaciet*"[174]? Nach alledem muß ARNISAEUS die scholastische Auffassung verwerfen, daß die Polygamie lediglich gegen ein sekundäres Naturrecht verstoße[175].

Sehr eingehend schließlich beschäftigt sich ARNISAEUS mit den *incommoda* der Polygamie[176]. Die Beschwerlichkeiten werden nachgewiesen, indem der historisch-literarisch versierte Autor die Geschichte der Eifersucht (Zelotypia) durch alle Zeiten und Sitten hindurch verfolgt. Was hat mehr Unglück über Familien, Gesellschaften und Völker gebracht als die Eifersucht? Und zum Schluß richtet er den Blick auf die von Paulus bezeugten Lasten der Ehe (1 Kor. 7): „*Quod si ab una uxore tantum expectatur molestiarum, quantum expectandum erit a tam multis*"[177]?

Doch im übrigen folgen die Juristen der damaligen Zeit, wie z. B. der bereits erwähnte JOHANN KITZEL, der herkömmlichen Argumentationslinie[178]. Die Monogamie erscheint als ein bereits essentieller Bestandteil der Definition der Ehe, wobei die *primaeva institutio divina* diesem Begriff gleichsam die göttlich-rechtliche Sanktion verleiht. Darüber hinaus werden durchweg nur die Verbote des positiven Rechts (Römisches Recht, Kanonisches Recht, Carolina) erwähnt.

VI.

Will man die Entwicklung des 17. Jahrhunderts mit wenigen Strichen kurz skizzieren, so ist, freilich nur *cum grano salis* gesagt, vornehmlich festzuhalten, daß die überkommenen konfessionellen Aspekte ergänzt oder überlagert und schließlich abgelöst werden durch zwei die Rechtslehre prägende Grundströmungen: das Naturrecht und die praktische Methode des *usus modernus.* Jetzt zeigt sich uns vor allem ein deutlicher Wechsel der Prämissen. Die ältere (vor allem lutherisch bestimmte) Literatur beruhte durchweg auf einem unausgesprochenen Konsens über zwei grundlegende Vorfragen, gleichgültig, ob sie aus theologischen oder juristischen Federn stammte. Einerseits durfte (trotz einer bisweilen kaum erklärlichen Quellenlage) kein wirklicher Zweifel an dem Verbotensein (– Naturrechtswidrigkeit und Schriftwidrigkeit –) der Polygamie aufkommen, andererseits mußte sich in dieser Frage ein identischer Befund aus dem Naturrecht und der

[174] ARNISAEUS, De iure, 1. c. sect. III n. 11.

[175] ARNISAEUS, De iure, 1. c. sect. III n. 18.

[176] ARNISAEUS, De iure, 1. c. sect. IV.

[177] ARNISAEUS, De iure, 1. c. sect. IV n. 20.

[178] Johann Kitzel, Synopsis matrimonialis (Anm. 172); ferner sei hingewiesen auf CHRISTOPH BESOLD, Opusculorum iuridicorum pars IV exhibens de nuptiis iuridico-politicum discursum, Tubingae 1627, cap. IV n. 3 ss, sowie auf PAULUS LINSIUS, De Polygamia disputatio Politica ..., Wittebergae 1674, § 10.

Offenbarung, der *lex divina revelata* ergeben; die Einheit von natürlichem und göttlichem Recht war eine axiomatische Annahme vor allem der orthodoxen lutherischen Lehre[179]. Das sollte in der Epoche des neuzeitlichen Naturrechts, die man gemeinhin mit dem Leitbegriff „profanes Vernunftrecht" kennzeichnet, grundlegend anders werden. Die Einheit von *ius naturale* und *ius divinum positivum* zerbrach jetzt, und dadurch wurde Raum geschaffen für eine säkularisierte Ethik und Gerechtigkeitslehre. Die Unantastbarkeit der Monogamie und folglich des Polygamieverbotes wurde nun prinzipiell in Frage gestellt, und die Verträglichkeit der Vielehe mit den anerkannten Moralnormen der Völkergemeinschaft wurde für denkmöglich erachtet. Das Polygamieproblem erwies sich als ein vorzügliches Demonstrationsobjekt, um die Verschiedenheit von Naturrecht und göttlichem Recht einsichtig zu machen, wobei zu beachten ist, daß es nur zu einer *rechtstheoretischen Funktionsbindung* kam, die zugleich den Wirklichkeitsbereich der Polygamieerörterungen umgrenzte; eine Umsetzung der theoretischen Einsichten in tatsächlich praktizierte Sozialnormen war damit keineswegs verbunden. Der *usus modernus* konnte dann an diese vorbereitende Klärungs- und Selektionsleistung des Vernunftrechtes anknüpfen, und gerade in der rechtspraktischen Bedeutungslosigkeit des Polygamieproblems spiegelt sich die sozialgestaltende Aufgabe einer Rechtslehre, die ausschließlich der Ordnung des diesseitigen Sozialverbandes zu dienen hat.

Das Vernunftrecht des 17. und 18. Jahrhunderts ist Ausdruck des neuzeitlichen Bemühens[180], ein geschlossenes moralphilosophisches System in einer Zeit zu entwickeln und zu bewahren, in der sich die überkommene Einheit von Moraltheologie und weltlicher Normwissenschaft in Auflösung befand. Der grundlegende Einheitsgedanke wurde aus dem Mittelalter übernommen, doch anders als im Mittelalter sollte die Einheit der Normdisziplinen gleichzeitig eine Abgrenzung bewirken, sie hatte auf wissenschaftlicher Ebene die Aufspaltung der alten *res publica Christiana* nachzuvollziehen; der in den reichsverfassungsrechtlichen und religionspolitischen Fragen vorgeformte Säkularisierungsprozeß setzte sich in der vermeintlichen Autonomie einer *ratio sibi relicta* und eines vorurteils- und autoritätsfrei gewonnenen Systems von Normen und Begriffen fort. An die Stelle christlicher *ratio* und *auctoritas* traten als weltimmanente Bestimmungsgründe und

179 Vgl. oben Schneider, Iustitia universalis, S. 119ff.

180 Nach wie vor ist das Vernunftrecht ein bevorzugter Gegenstand wissenschaftlicher Bemühungen. Neben der klassischen Darstellung von F. Wieacker, Privatrechtsgeschichte der Neuzeit unter besonderer Berücksichtigung der deutschen Entwicklung, 2. Aufl., Göttingen 1967, ist von den jüngeren Arbeiten hinzuweisen auf die verdienstvolle Monographie von Chr. Link, Herrschaftsordnung und bürgerliche Freiheit, Wien/Köln/Graz 1979. Für die ältere Literatur verdient immer noch Erwähnung und Beachtung die sehr materialreiche und sachlich umfassende Arbeit von Hermann Friedrich Wilhelm Hinrichs, Geschichte der Rechts- und Staatsprinzipien I–III, Leipzig 1848–1852 (Neudruck Aalen 1962).

Abstraktionen einer diesseitigen Gesellschaftslehre die Vernunftgebundenheit und Gesellschaftlichkeit des *animal rationale et sociale;* sie wurden zum theoretischen Dreh- und Angelpunkt variantenreicher vernunftrechtlicher Reflexionen und Deduktionen. Abbreviaturen des Wandlungsprozesses vom christlichen zum profanen Naturrecht sind u.a. der „*appetitus societatis*" des Grotius[181], die „*rationalitas et socialitas*" des Pufendorf[182] und die „*natura hominis rationalis et socialis*" des Thomasius[183].

Es wäre verfehlt, die Originalität vernunftrechtlicher Begrifflichkeit und Argumentation zu überschätzen. Die Eigenständigkeit des Vernunftrechts lag weniger in der Problemfindung als im Freimut der Problemlösung. Das frühe Vernunftrecht hat vor allem an das reichhaltige Schrifttum der spanischen Spätscholastik anknüpfen können. Gerade für die eherechtlichen Fragen und insbesondere auch für die Polygamieproblematik hat Dieter Schwab in einer vorzüglichen Abhandlung gezeigt[184], daß bereits die Spanier (– wie überhaupt die Vordenker der Gegenreformation –) ein vielfältiges Argumentationsmaterial bereitgestellt hatten, dessen sich das Vernunftrecht der Aufklärung nur zu bedienen brauchte. Erörtert wurden in den spätscholastischen Ehetraktaten ebenfalls die einschlägigen Textstellen des Alten und Neuen Testamentes, wobei als ständig wiederkehrende Begründungsmuster für das notwendig zu findende Ergebnis, nämlich das Verbotensein der Polygamie (Polygynie), der thomistische Ansatz der Unterscheidung zwischen den *principia prima* und den *praecepta secunda* sowie die Dispenstheorie herangezogen wurde[185]. Ein kunstvoller Argumentationsstil, der dem Für und Wider nicht nur gleichen Raum gab, sondern oftmals die Entwicklung des Gegenstandpunktes zum eigentlichen Prüfstein der Disputierkunst machte, ließ das abschließende Votum für die Monogamie und gegen die Polygamie als völlig arbiträr erscheinen. Sieht man einmal von der lehramtlich vorgezeichneten Parteinahme zeitgenössischer Autoren zugunsten ihres katholischen Standpunktes ab, blieb es gänzlich unerklärlich, warum zuletzt der Stab über die Polygamie gebrochen wurde, zumal der erste Ehezweck, die *propagatio prolis,* nach allgemeiner Auffassung mehr für als gegen die Vielweiberei sprach. Daß im Grunde schon die

[181] Hugo Grotius, De iure belli ac pacis libri tres, Leiden 1939, Prol. 16; lib. I cap. I § 12 (das 1635 erstmals in Paris erschienene Werk erlebte zahlreiche Ausgaben, vgl. die Übersicht bei Erle, Die Ehe im Naturrecht, S. 25f).

[182] Samuel Pufendorf, De iure naturae, lib. II cap. III. §§ 13, 15.

[183] Christian Thomasius, Institutionum iurisprudentiae Divinae libri tres ..., Halae 1702, lib. I cap. IV §§ 51 ss; *ders.*, de crimine bigamiae (Anm. 116), § 11.

[184] D. Schwab, Ehe und Familie nach den Lehren der Spätscholastik, in La Seconda Scolastica nella formazione del diritto privato moderno, hg. v. P., Grossi, Milano 1972, S. 73–116 (bes. S. 76ff); vgl. ferner A. Dufour, Le mariage dans l'école allemande du droit naturel moderne au XVIIIe siècle, Paris 1972, S. 49ff.

[185] Vgl. dazu M. Grabmann, Mittelalterliches Geistesleben, Bd. 1, München 1926, S. 101; zum Dispensproblem bei Thomas vgl. Fuchs, a. a. O. S. 175ff.

führenden Spätscholastiker nicht mehr an die Naturrechtswidrigkeit der Polygamie glaubten, wird, wie SCHWAB im einzelnen zeigt, schon dadurch deutlich, daß die meisten spätscholastischen Autoren ihre Schlußfolgerungen nur noch mit Hilfe des Hinweises auf die Offenbarung, auf das *ius divinum positivum,* abstützen konnten[186]. Damit waren alle Voraussetzungen gegeben, die es den Vernunftrechtlern ermöglichten, die theologischen Argumentationsstützen zu entfernen und ohne neue Argumentationsinhalte zu abweichenden Ergebnissen zu gelangen[187]. Halten wir fest: Die Vernunftrechtler übernahmen weitgehend von der Spätscholastik den Argumentationsstoff hinsichtlich des Polygamieproblems. Die gleichen Fragestellungen wurden hin- und hergeschoben; doch gab es einen gewichtigen, grundsätzlichen Unterschied: Während den Spätscholastikern bei aller Vielfalt der Begründungswege nur ein identisches Ergebnis erlaubt war, kamen bei den Vernunftrechtlern alle nur denkbaren Ergebnisse[188] zur Sprache[189].

Die patristischen und scholastischen Naturrechtserörterungen waren von der Grundfrage bestimmt, wie sich die beiden divinen Rechtsquellen, das Naturrecht und das Offenbarungsrecht, im Hinblick auf die göttliche Gerechtigkeit und den göttlichen Rechtsetzungswillen zueinander verhalten[190]. Dabei zeichnete sich schon in der Scholastik, insbesondere bei THOMAS, eine Tendenz der Trennung von *lex naturalis* und *lex divina positiva* ab. Das Differenzierungskriterium, das diese beiden Ausprägungen des göttlichen Rechts voneinander schied, war die Annahme, daß es verschiedene *praecepta moralia* gebe, die als ewige und unumstößliche Naturrechtssätze auch ohne eine *positiva revelatio* erkannt werden könnten; demgegenüber sollten alle Vorschriften, deren normativer Charakter ohne einen entsprechenden Promulgationsakt nicht erkennbar wäre, zum *ius divinum positi-*

186 Hier ist weiterhin auf SCHWAB, Ehe und Familie (Anm. 184) zu verweisen.

187 Für das Vernunftrecht vgl. D. SCHWAB, Die Familie als Vertragsgesellschaft im Naturrecht der Aufklärung, in: Quaderni Fiorentini per la storia del pensiero giuridico moderno I (1972), S. 357–376.

188 Allerdings bleibt eine direkte Propaganda für die Polygamie oder gar die Annahme einer Verpflichtung zu polygamer Lebensführung (kraft göttlichen Rechts oder kraft Naturrechts) die Ausnahme. In diese Richtung tendierten nur einige Fanatiker wie JOHANN LYSER (unter dem Pseudonym ALETOPHILUS GERMANUS), Discursus inter Polygamum et Monogamum de Polygamia, 1673. Derartig extreme Standpunkte haben dann die zeittypischen Kontroversen hervorgerufen, genannt sei vor allem JOHANNES MUSAEUS, Dissertatio de quaestione controversa, an coniugium, primaeva eius institutione salva, inter plures, quam duos, esse possit, quam cumprimis loca Matthaei XIX, 9, I. Cor. VII, 4 a commentis Theophili Alethaei, quibus in suo discursu politico de Polygamia illorum sensum genuinum pervertere laboravit, vindicantur . . ., Jenae 1675.

189 Vgl. die grundlegende Untersuchung von D. SCHWAB, Grundlagen und Gestalt der staatlichen Ehegesetzgebung in der Neuzeit bis zum Beginn des 19. Jahrhunderts, Bielefeld 1967, S. 125 ff. Für unser Thema spezieller ERLE, Die Ehe im Naturrecht (Anm. 89); vgl. ferner DUFOUR, Le mariage (Anm. 184).

190 Die Literatur zur Naturrechtsproblematik ist geradezu unüberschaubar. Als Einführung hält nach wie vor seinen hohen Rang das Buch von H. WELZEL, Naturrecht und materiale Gerechtigkeit, 4. Aufl., Göttingen 1962.

vum[191], zum Offenbarungsrecht, zählen. Allerdings hatte die scholastische Lehre, auch die Spätscholastik der Spanier und Italiener, ein wirkliches Auseinandertreten dieser beiden Rechtsbereiche verhindert; denn die Klammer aller höchsten Rechte war die *lex aeterna*, die apriorische Existenz der obersten Moralprinzipien, die mit Gott selbst gegeben waren und insofern seinen Rechtssatzungen vorauslagen. Hier griffen nun die Vernunftrechtler ein, um diese ursprüngliche Einheit endgültig zu beseitigen; denn erst wenn man diese Verklammerung löste, ließ sich das Naturrecht säkularisieren und mit einer autonom verstandenen *ratio humana* verschmelzen. Weiterhin konnte man einem Offenbarungsrecht, dem die Absicherung durch die ewigen naturrechtlichen Vernunftwahrheiten fehlte, den Rechtscharakter absprechen: Gott handelt nicht als Gesetzgeber, wenn er den erwählten Vätern seinen Willen verkündigt. Offenbarungen sind nur dann Recht, wenn sie schon kraft Sachstruktur Recht sind. Diese Konsequenz ließ sich sehr deutlich an der Polygamieproblematik zeigen: Wenn das Polygamieverbot Naturrecht ist, dann ist nicht nur die *prima institutio* naturrechtskonform, sondern dann ist auch die Wiederherstellung der ursprünglichen *institutio* durch Christus die Bekräftigung eines praeexistenten *praeceptum morale*. Hat hingegen das Monogamiegebot keine Naturrechtsqualität, dann läßt sich das *una caro* als eine positive Norm verstehen, die durch den Urheber dieses Gebotes beliebig veränderbar ist. Stellt man weiterhin fest, daß aus der *lex vetus* und der *lex nova* kein einheitlicher Befund ermittelbar ist, und daß Christus bei seiner Berufung auf die *institutio prima* nur das *forum conscientiae* gemeint hat, dann bleibt die ganze Polygamiefrage als Problematik des positiven Gesetzes dem gesetzgeberischen Ermessen des weltlichen Souveräns überlassen. In diesem Spektrum bewegen sich die Äußerungen der Vertreter des neuzeitlichen Naturrechts bzw. Vernunftrechts.

So trat Benedict Wincler (1579–1648), ein Vertreter der älteren protestantischen Naturrechtslehre, dafür ein, daß die Polygamie gegen das *ius naturale* und das *ius divinum* verstoße[192]. Hugo Grotius (1583–1645)[193] konnte hingegen dem Naturrecht kein Verbot der Vielweiberei entnehmen[194], auch Gott sei im Alten Bund dieser Annahme gefolgt, als er den Vätern ein polygames Leben gestattete;

[191] Vgl. Chr. Link, ‚Ius divinum' im deutschen Staatsdenken der Neuzeit, in: Festschrift für Ulrich Scheuner zum 70. Geburtstag, hg. v. H. Ehmke u. a., Berlin 1973, S. 377ff; *ders.*, Herrschaftsordnung und bürgerliche Freiheit (Anm. 98), S. 203ff; K. Schlaich, Der rationale Territorialismus. Die Kirche unter dem staatsrechtlichen Absolutismus um die Wende vom 17. zum 18. Jahrhundert, in: ZRG Kan. Abt. 54 (1968), S. 269ff; *ders.*, Kollegialtheorie, Kirche, Recht und Staat in der Aufklärung, München 1969.

[192] Nachweis bei Erle, a. a. O. S. 14ff.

[193] Die Grotius-Literatur ist schier unermeßlich; vgl. zur ersten Information H. Hoffmann, Hugo Grotius, in: Staatsdenker im 17. und 18. Jahrhundert, hg. v. M. Stolleis, Frankfurt/M. 1977, S. 51–77 mit weiteren Nachweisen.

[194] Grotius, De iure belli ac pacis, lib. II cap. V § 9.

erst Christus habe die Monogamie zum Gesetz erhoben. Der vorsichtige SAMUEL PUFENDORF (1663–1748)[195] ging einer klaren Entscheidung aus dem Weg[196], einerseits neigte er dazu, der idealen Form der Monogamie naturrechtliches Gewicht zu geben, andererseits ließen ihn die vielfachen Vorbilder polygamer Gemeinschaften in der Menschheitsgeschichte an einem solchen Verdikt zweifeln[197]. SAMUEL FRIEDRICH WILLENBERG (1663–1748) meinte gar, daß die Polygamie sowohl dem *ius naturale* als auch dem *ius divinum* entspreche[198], das Verbot der Polygamie habe seinen Rechtsgrund nur in der *lex humana positiva.* Den originellsten Beitrag lieferte CHRISTIAN THOMASIUS (1655–1728)[199] in seiner bekannten Dissertation über das Verbrechen der Bigamie[200].

Das Naturrecht gestattet nach THOMASIUS jegliche Form polygamer Verbindungen[201]; das Verbot der Polygamie gründet sich hingegen auf die *lex institutionis,* also auf die Wiederherstellung der *primaeva institutio* durch Christus. Daraus ergibt sich ein völliger Gegensatz von *ius naturale* und *ius divinum,* doch diese Ansicht als solche war noch nichts Besonderes. Das Neue bestand vielmehr darin, daß THOMASIUS die Naturrechtsgemäßheit für beide Polygamieformen, also die Polygynie und die Polyandrie, behauptete[202]. Diese These des THOMASIUS mußte frappierend wirken[203]; denn wenn viele Gelehrte bisher mit der Polygynie auch geliebäugelt hatten, in einem waren sie sich doch alle einig: Die Polyandrie ist etwas zutiefst Widernatürliches und damit naturrechtswidrig. Eine solche *communis opinio* stellte THOMASIUS nun in Frage. In langatmigen Ausführungen legte er dar, daß alle Ehezwecke auch durch die Vielmännerei erfüllt werden könnten. Wozu diente aber die lebhaft gegen alle Kritik verfochtene These, daß die männliche *und* die weibliche Polygamie dem Naturrecht, nicht aber dem geoffenbarten Recht entsprechen sollten? Mit dieser Operation wurde nicht nur dem *ius divinum* die sachlogische Überzeugungskraft genommen, vielmehr wurde auch der Geltungsanspruch des Naturrechts selbst erschüttert. Wenn mit naturrechtlichen Argumenten nicht ein Verhalten verworfen werden kann, das in so eklatanter Weise der

195 Vgl. dazu H. WELZEL, Die Naturrechtslehre Samuel Pufendorfs, Berlin 1958; H. DENZER, Moralphilosophie und Naturrecht bei Samuel Pufendorf, München 1972.

196 Vgl. auch ERLE, Die Ehe im Naturrecht (Anm. 89), S. 121ff; DUFOUR, Le mariage (Anm. 184), S. 227ff.

197 PUFENDORF, De iure naturae, lib. IV cap. I §§ 15–19 (Quidquid huius sit, id sane patet, optimum et maxime decorum, simulque ad quietem domesticam accomodatissimum esse, unum una vivere contentum ...“, § 19).

198 SAMUEL FRIEDRICH WILLENBERG, Iterata praesidia iuris divini pro defensione thesium suarum de polygamia simultanea ..., Francofurti et Lipsiae 1714, cap. I. § 1–3.

199 Grundlegend zu Thomasius W. SCHNEIDERS, Naturrecht und Liebesethik. Zur Geschichte der praktischen Philosophie im Hinblick auf Christian Thomasius, Hildesheim 1971.

200 Vgl. auch ERLE, Die Ehe im Naturrecht (Anm. 89), S. 227ff; DUFOUR, Le mariage (Anm. 184), S. 327ff.

201 Vgl. oben Anm. 154; zu THOMASIUS ausführlich jetzt BUCHHOLZ, Recht, Religion, S. 79ff.

202 THOMASIUS, de crimine bigamiae, §§ 25 ss.

203 THOMASIUS, de crimine bigamiae, § 25 („Obstat sane unanimis Doctorum sententia“).

herrschenden Sexualmoral widerspricht, dann ist das Naturrecht auch nicht mehr geeignet, verbindliche und unerschütterliche Rechtswerte und Sozialnormen zu vermitteln. Die alten Rechtsautoritäten, das *ius naturale* und das *ius divinum*, treten zusammen von der Bühne ab, nur der *princeps absolutus* ist in der Lage, durch sein positives Gesetz, also durch einen konkreten Willensbefehl, das Verbot der Polygamie (in beiden Formen) auszusprechen.

Diese Naturrechtsdiskussion erwies sich damit im Grunde als Vorspiel einer säkularen, absolutistischen Gesetzgebungslehre. Im Hinblick auf das *ius humanum positivum* bestanden jedoch keine Zweifel mehr am Polygamieverbot. Das wird sich im folgenden zeigen.

VII.

Der Begriff des *usus modernus* kennzeichnet eine historische Methode der Privatrechtslehre und eine mehr oder minder scharf abgrenzbare Epoche der Privatrechtswissenschaft, die durch eine sehr komplexe Verschränkungslage von Vernunftrecht und praktischer Gemeinrechtswissenschaft geprägt ist, die das Profil der Jurisprudenz zwischen dem Humanismus und der historischen Schule des 19. Jahrhunderts geformt hat. Wie ist das Verhältnis des Naturrechts zum sogenannten „positiven Privatrecht" zu bestimmen und zu werten[204] – als prinzipienstiftende Rechtsethik, als bewußtseinsprägende Rechtsphilosophie oder als wissenschaftlich durchformte Gesamtheit von unmittelbar umsetz- und anwendbaren Rechtssätzen und Rechtsregeln? Sicherlich wäre jede präzise Festlegung verfehlt, alle denkbaren Möglichkeiten sind vertreten, wie ja auch das Naturrecht selbst die verschiedensten Metamorphosen, Zweckdeutungen und Relevanzbestimmungen in der Neuzeit durchlaufen hat. Im Hinblick auf das Polygamieproblem ist näherhin zu fragen: ist die Polygamie nur ein typisches Thema im Rahmen der weitgespannten theoretischen Naturrechtsdiskussion geblieben oder hat es auch Einwirkungen auf das positive Privatrecht gegeben? Im ersten Fall würde sich die Vermutung erweisen, daß die verschiedenen Erörterungen des Polygamieproblems nur dazu bestimmt waren, theoretische Grundlagenfragen zu klären und die zu ermittelnden Ergebnisse an Hand eines allgemein einsichtigen Fallbeispiels zu demonstrieren. So ließ sich z.B. das Geltungsproblem des *ius divinum* mit Hilfe der *polygamia patrum* wesentlich leichter einsichtig machen als durch abstrakte Ausführungen über den göttlichen Rechtswillen und die Rechtsordnung des alten Israel. Im folgenden soll nun nach dem Stellenwert der Polygamiefrage im *usus*

[204] Vgl. K. Luig, Der Einfluß des Naturrechts auf das positive Privatrecht im 18. Jahrhundert, in: ZRG Germ. Abt. 96 (1979), S. 38–54, sowie grundsätzlich F. Wieacker, Privatrechtsgeschichte, S. 204 ff.

modernus gefragt werden. Wenn wir uns dabei auf einige Standardwerke des *usus modernus* beschränken müssen, dann dürfen wir doch mit dieser Beschränkung die sichere, weithin erfahrungsgestützte Vermutung verbinden, daß eine breitere Heranziehung einschlägiger Belege weniger zur Gewinnung neuer, als zur Wiederholung alter Argumente und Einsichten führen würde.

Die Literatur des *usus modernus* läßt erkennen, daß die Polygamie meist nur um der Vollständigkeit der Problembehandlung willen berücksichtigt wurde; üblicherweise war in dem Digestentitel *de ritu nuptiarum* ein mehr oder minder starker Hinweis auf die Polygamie vorgesehen. Die naturrechtliche Diskussion spiegelte sich auch im Praktikerschrifttum; die herkömmlichen Topoi des Vernunftrechts wurden wiederholt, allerdings in durchweg stark reduziertem Umfang und mit einem bescheidenen argumentativen Aufwand; die Autoren beeindrucken durch ihre kompilatorische Kraft, nicht durch die Originalität der Gedanken.

Georg Adam Struve (1619–1692) vertrat in seinem berühmten „Syntagma" die Ansicht, daß die Polygamie (Polygynie) weder dem Naturrecht noch dem *ius divinum* widerstreite[205], lediglich das bürgerliche Gesetz verbiete die Polygamie, da nur die Monogamie Ruhe und Bequemlichkeit der Ehe sichere. Wolfgang Adam Lauterbach (1618–1678) neigte in seinem „Collegium Pandectarum" der Ansicht zu, daß das göttliche Recht die Polygamie verbiete und daß das *„unus cum una"* gesetzesgleich zu sehen sei[206]; dem Natur- und Völkerrecht hingegen lasse sich kein Polygamieverbot entnehmen. Ebenfalls von einem Verstoß gegen das göttliche Recht, und zwar gegen die Erneuerung der *primaeva institutio* durch Christus, ging Justus Henning Böhmer (1674–1749) in der „Introductio in ius Digestorum" aus[207]. In den namhaften „Meditationes ad Pandectas" des Augustin Leyser (1683–1752) wurde die Ansicht vertreten, daß sich aus dem Naturrecht und aus dem göttlichen Recht nichts gegen die Polygamie herleiten lasse[208], auch die *prima coniugii institutio* lasse keinen anderen Schluß zu; das Gesetz des Anfangs mache die Ehe zwar unauflöslich, aber es verbiete nicht, daß ein Mann gleichzeitig mehrere Ehen mit mehreren Frauen eingehe, allerdings mit der Folge, daß sich der Mann von keiner dieser Frauen trennen dürfe; wegen der zwangsläufig zu erwartenden Unverträglichkeiten habe das positive *ius humanum* die freie Wahl eines polygamen Lebens beseitigt. Johann Carl Naevius (1650–1714) hingegen vertrat in seinem „Ius coniugium" die Auffassung, die Polygamie verstoße gegen das gött-

205 Georg Adam Struve, Syntagma iurisprudentiae, Ienae 1663 (3. Aufl.), lib. 23 tit. 2 de ritu nuptiarum LII.

206 Wolfgang Adam Lauterbach, Collegium Pandectarum theoretico-practicum II (ed. U. Th. Lauterbach), Tubingae 1784 (6. Aufl., lib. 23, tit. 2, XXXVII.

207 Iustus Henning Böhmer, Introductio in ius Digestorum ..., Halae Magdeburgicae 1741 (6. Aufl.), lib. 23, tit. 2, n. 16.

208 Augustin a Leyser, Meditationes ad Pandectas V et VI, Lipsiae, Brunsvigae et Guelpherbyti 1778 (3. Aufl.), lib. 23, tit. 2 specimen 297, X.

liche Recht *und* das Naturrecht[209], deutlich zeige die Offenbarung die Unvereinbarkeit der Polygamie mit der ersten Einsetzung. Das Naturrecht könne nichts anderes bestimmen; denn das Naturrecht sei nichts anderes als das dem Menschen im Unschuldsstand gegebene Recht des Anfangs. Geradezu symptomatisch ist, daß SAMUEL STRYK (1640–1710) in seinem „Usus modernus Pandectarum", der dieser rechtswissenschaftlichen Richtung überhaupt erst den Namen gegeben hat, nichts von derartigen Spekulationen weiß[210]. STRYK behandelte nur das *ius secundarium nuptiarum,* also die *polygamia successiva;* die simultane Vielehe wurde von ihm als irrelevant übergangen, lediglich die Strafbarkeit der Bigamie rechtfertige eine entsprechende Berücksichtigung[211]. Die Differenz zwischen Naturrecht und positivem Recht wird schließlich bei JOHANN GOTTLIEB HEINECCIUS (1681–1741) deutlich. In seinen „Elementa iuris naturae" behandelte HEINECCIUS in typisch vernunftrechtlicher Manier sehr langatmig die naturrechtliche Beurteilung der Polygamie[212]; angesichts der Unmöglichkeit, schlüssige Argumente pro oder contra zu finden, reduziert er das Naturrecht auf die Ebene der Vorverständnisse, und ihm bleibt nur ein Appell an die *recta ratio:* da die Vernunft uns gebiete, aus mehreren Gütern das Bessere herauszusuchen, seien wir gehalten, die Monogamie der Polygamie vorzuziehen[213]. In seinen „Elementa iuris civilis" erklärte HEINECCIUS dann ganz lakonisch, daß die *polygamia simultanea,* da sie gegen römisches und kanonisches Recht verstoße, gesetzwidrig sei[214].

Der bisweilen auftauchende Eindruck, daß sich die naturrechtlichen Erörterungen ohne weiteres im Schrifttum des *usus modernus* fortgesetzt hätten, trügt. Bei keinem Autor wurde tatsächlich eine Verbindung zum geltenden Recht oder zu den aktuellen Fragen wirklich gezogen. Soweit die Naturrechtskonformität der *polygamia simultanea* vertreten wurde, wurden daraus keine konkreten gegenwartsbezogenen Postulate hergeleitet, vielmehr blieb die Polygamiefrage ein überkommener Restbestand, der im Rahmen eines weiterhin kultivierten Rechtsquellenpluralismus zu erwähnen war, ohne daß sich Anwendbarkeitsprobleme stellten. Die Behandlung des Polygamieproblems war in dem Maße beliebig geworden, in dem die naturrechtlichen Grundsatzfragen ihre Bedeutung für die Wissenschaft vom positiven Recht eingebüßt hatten. Durchaus bezeichnend ist, daß CHRISTIAN FRIEDRICH GLÜCK (1755–1831), der mit seinem monumentalen, sage und

209 JOHANN CARL NAEVIUS, Ius Coniugum oder das Ehe-Recht, Chemnitz 1716, cap. III § 20.

210 SAMUEL STRYK, Continuatio tertia usus moderni Pandectarum (ed. J. S. Stryk), Halae Magdeburgicae 1737 (6. Aufl.), lib. 23, tit. 2 § 32.

211 SAMUEL STRYK, Continuatio quarta usus moderni Pandectarum (ed. J. S. Stryk), Halae Magdeburgicae 1717 (3. Aufl.), lib. 48, tit. 5 § 35.

212 JOHANN GOTTLIEB HEINECCIUS, Elementa iuris naturae et gentium, Venetiis 1764, lib. II cap. II § 36 ss.

213 HEINECCIUS, l. c. § 38.

214 JOHANN GOTTLIEB HEINECCIUS, Elementa iuris civilis . . ., Venetiis 1746, lib. 23, tit. 2 § 173.

schreibe 49 Bände umfassenden Pandektenkommentar am Ende des *usus modernus* steht, darauf verzichtete, die „Gründe näher zu entwickeln, warum die Monogamie, politisch und moralisch betrachtet, den Vorzug vor der Polygamie habe", denn das sei „schon von andern zur Genüge geschehen"[215].

Wenn also die Polygamie für das praktische Gemeinrecht bedeutungslos geworden war, dann sollte man wenigstens auf Seiten des Kirchenrechts kraft Herkommens und größerer Sachnähe ein weiterwirkendes Interesse im frühen 17. und 18. Jahrhundert vermuten. Tatsächlich hat BENEDICT CARPZOV (1595–1666)[216], der bedeutende Kirchenrechtler (– und noch bedeutendere Strafrechtler –) aus dem orthodoxen Sachsen, in seiner gesetzesgleichen „Iurisprudentia Ecclesiastica seu Consistorialis" die Lehrtradition zunächst fortgesetzt: von der Polygamie der Erzväter und Könige ist die Rede und von einer *dispensatio specialis* Gottes[217]. CARPZOV schwankt zwischen Dispens und bloßer Duldung, immerhin: *„neque enim omnibus vitiis liberi fuerunt Patres"*[218].

Die immer wiederkehrenden Argumentationsmuster der lutherischen Orthodoxie, das zeigt auch die kirchenrechtliche Literatur, waren zur Schablone erstarrt, auf die man dann sogar ganz verzichten konnte. So fehlen sie in JOHANN BRUNNEMANNS (1608–1672) „Ius Ecclesiasticum"[219], lediglich SAMUEL STRYK wandte sich in seinen „Additiones" zu BRUNNEMANN einer aktuellen Frage[220] aus diesem Bereich zu. Anlaß war, daß die Juristenfakultät zu Frankfurt an der Oder darüber zu befinden hatte, ob der Landesherr die Bigamiestrafe mildern könne. Hier war zu differenzieren: Gegen das *ius divinum* steht der weltlichen Obrigkeit weder die Dispensationsbefugnis noch ein Begnadigungs- oder Milderungsrecht zu. Nun ist zwar das *Verbot* der Polygamie (Bigamie) göttliches Recht (so Matth. 19,6 ff), nicht aber die *Strafe*, mit der die Bigamie geahndet wird. Folglich kann zwar der Landesherr keine Doppelehe gestatten, wohl aber kann er von der *poena bigamiae capitalis* absehen, da es sich bei der Strafe nur um *ius humanum* (gemäß der Carolina) handelt.

Sehr ausgiebig wurde die Frage der *polygamia simultanea* noch einmal von dem Sachsen-Gothaer Hof- und Konsistorialrat HIERONYMUS BRUCKNER (1656–1736)

215 CHRISTIAN FRIEDRICH GLÜCK, Ausführliche Erläuterung der Pandecten nach Hellfeld, Bd. 24/1, Erlangen 1823, S. 89.

216 G. KLEINHEYER, J. SCHRÖDER, Deutsche Juristen aus fünf Jahrhunderten, 2. Aufl., Heidelberg 1983, S. 50 ff (mit weiteren Nachweisen).

217 BENEDICT CARPZOV, Iurisprudentia Ecclesiastica seu Consistorialis ..., ed. nov. Lipsiae 1708, lib. II tit. I def. III; *ders.*, Practica nova Imperialis Saxonica rerum criminalium ..., Wittebergae 1646, Pars II, Quaestio LXVI n. 7.

218 CARPZOV, Iurisprudentia Ecclesiastica, l. c. n. 12.

219 JOHANN BRUNNEMANN, Commentarius in quinquaginta libros Pandectarum, opus theoretico-practicum ... (ed. SAMUEL STRYK), Wittenbergae 1731, lib. III tit. II 8.4 verweist nur auf das Verbot der *bigamia simultanea* und die Ehebruchstrafe für die Bigamisten nach geltendem Recht.

220 JOHANN BRUNNEMANN, De Iure Ecclesiastico tractatus posthumus ... revisus et adauctus a Samuele Strykio ..., Francofurti ad Viadrum 1681, Lib. II cap. XVI, additiones.

behandelt[221], der damit zwei Motive verfolgte. Einmal ging es BRUCKNER um die Verarbeitung der vernunftrechtlichen Thesen, und zum anderen lag ihm eine Lutherapologie am Herzen. Sein Standpunkt war sehr pointiert: weder das Naturrecht, noch ein universelles oder partikuläres göttliches Gesetz verbieten die Polygamie, deren Regelung völlig dem *ius humanum* überlassen bleibt. Allerdings ist zu berücksichtigen, daß von Anbeginn der Christenheit an jeder christliche Staat die Polygamie durch öffentliches Gesetz verboten hat. Solche Gesetze der politischen Obrigkeit verpflichten die Bürger und binden sie auch im Gewissen. Da aber die Polygamie völlig dem *ius humanum* angehört, folgt daraus, daß eine „*dispensatio contra legem monogamicam*" vor allem „*in casibus quibusdam necessitatis*" in die Kompetenz des weltlichen Gesetzgebers fällt. Spätestens der Hinweis auf den *casus necessitatis* macht dem Leser klar, worum es BRUCKNER in erster Linie ging, ihm ging es um die „*causa Bigamiae Philippi Hassiae Landgravii*"[222]. Wenn das Bigamieverbot derart minimalisiert wurde, war es problemlos möglich, LUTHERS Votum in der Sache zu rechtfertigen. BRUCKNER meint, es sei besser, etwas nur nach menschlichem Recht Verbotenes zu gestatten, als den betroffenen Mann (nämlich den Landgrafen) in die Gefahr zu bringen, den Versuchungen Satans zu erliegen[223].

Deutliches Desinteresse an der Polygamiefrage bekundete auch JUSTUS HENNING BÖHMER[224] in seinem gewaltigen „Ius Ecclesiasticum Protestantium". BÖHMER wies auf die Verbote des kanonischen Rechts hin[225], das als *weltliches* Recht auch bei den Protestanten z.T. noch in Geltung war und bisweilen sogar eine höhere Wertschätzung genoß als das römische *ius civile*[226]. Im übrigen handelte es sich bei der Polygamie für BÖHMER nur um ein Strafbarkeitsproblem, das dem weltlichen Kriminalrecht zuzuordnen war[227].

Einen größeren Wirklichkeitsbezug wies nach alledem die strafrechtliche Fragestellung auf. Einerseits nahm das alte *crimen bigamiae* am Strafrechtsreformprogramm der frühen Aufklärung teil[228]. Als die Aufklärer im Rahmen eines schritt-

221 HIERONYMUS BRUCKNER, Decisiones iuris matrimonialis controversi, Gothae 1705 (2. Aufl.), cap. XIV.

222 Vgl. oben zum ‚Beichtrat' Luthers S. 10ff u. bes. Anm. 29.

223 BRUCKNER, Decisiones, l. c. cap. XIV n. 70.

224 Zu Justus Henning Böhmer siehe jetzt W. RÜTTEN, Das zivilrechtliche Werk Justus Henning Böhmers, Tübingen 1982, S. 1–14.

225 C. 27 qu. 2 c. 50; C. 28 qu. 2 c. 1; C. 34 qu. 1 c. 3; X. 4.7.4,5; X. 4.19.8.

226 Vgl. dazu U. WOLTER, Ius canonicum in iure civili. Studien zur Rechtsquellenlehre in der neueren deutschen Privatrechtsgeschichte, Köln/Wien 1975, S. 131ff.

227 IUSTUS HENNING BÖHMER, Ius Ecclesiasticum Protestantium, usum hodiernum iuris canonici ... ostendens ... III, Halae Magdeburgicae 1741 (4. Aufl.), lib. IV tit. IV § V s.

228 Vgl. dazu E. SCHMIDT, Einführung in die Geschichte der deutschen Strafrechtspflege, 3. Aufl., Göttingen 1965, S. 212ff; aus der älteren Lit. sei hingewiesen auf O. FISCHEL, Der Einfluß der Aufklärungsphilosophie auf die Entwicklung des Strafrechts in Doktrin, Politik und Gesetzgebung, Breslau 1913 (Neudruck Aalen 1981).

weise vollzogenen justizpolitischen Reformvorhabens darangingen, die überkommenen Tatbestände zu durchforsten und die Rechtfertigung von Strafgrund, Strafhöhe und Strafvollzug kritisch zu beleuchten, da fand auch der Bigamietatbestand eine erhöhte Aufmerksamkeit, Anlaß zu Zweifeln gab es genug. Andererseits war das Problem der Doppelehe für die vorbürgerlichen Gesellschaften jedenfalls solange kein Randproblem, als die bürokratischen Strukturen eines modernen Eheschließungs- und Registerwesens fehlten oder doch zumindest nur lückenhaft waren. Angesichts der obwaltenden Unsicherheiten über die materiellen und formellen Voraussetzungen einer vollgültigen Ehe und im Hinblick auf eine vor allem bei den Unterschichten verbreitete Sitte der vereinfachten Auflösung oder Änderung von Geschlechtsgemeinschaften erschien manchen Reformern die harte Strafandrohung der Kapitalstrafe unangebracht. Als typische Fallgestaltungen, die den Reformern vor Augen standen, seien folgende genannt[229]:

a) Der große Krieg in der ersten Hälfte des 17. Jahrhunderts hat viele Eheleute getrennt. Die jungen Eheleute waren nur ein halbes Jahr zusammen, dann wurde er zu den Soldaten gezogen, sie ging schwanger zu ihren Eltern. Als das Kind geboren war und der Ehemann nicht mehr heimkam, rieten ihr die Eltern und der Dorfpfarrer, sich nach anderthalb Jahren wegen der Versorgung des Kindes mit einem anderen Mann zu verehelichen. Der erste Mann tauchte dann aber doch noch auf, erfuhr von der erneuten Verehelichung seiner Frau, zog wieder ins Feld und schloß nach zehn Jahren selbst erneut eine Ehe. Erheblich später, als die zweite Ehe der Frau bereits 22 Jahre dauerte, kam alles ans Tageslicht. Beide, der Bigamie beschuldigt, glaubten, rechtens gehandelt zu haben: sie war unversorgt und hilflos zurückgeblieben und mußte mit seinem Tode rechnen, er hielt sich auch ohne förmliches Konsistorialurteil für berechtigt, nochmals zu heiraten, nachdem seine Frau erneut geheiratet hatte.

b) Die Ehe wurde in Holstein geschlossen. Als Pest ausbrach, riß die Flucht vor der Seuche beide Eheleute auseinander. Der Mann gelangte schließlich nach Sachsen. Hier ging er eine neue Ehe ein, nachdem er lange von seiner Frau nichts mehr gehört hatte und auch nicht mehr annahm, sie jemals wiederfinden zu können. Bei einem Umtrunk löste das Bier seine Zunge, und er erzählte, daß er schon einmal verheiratet gewesen sei. Das Gerücht genügte, ihn zur peinlichen Befragung ins Gefängnis zu bringen.

Probleme konnte besonders das restriktive Ehescheidungsrecht mit sich bringen. Langjährige Einkerkerung wurde im protestantischen Eherecht bisweilen

229 Die Sachverhalte (vereinfacht) wurden den Dissertationen von THOMASIUS und LEYSER entnommen (vgl. Anm. 116 u. 246).

unter den Scheidungsgrund der *desertio malitiosa*[230] subsumiert. Aber das war keineswegs überall so. Dazu der Fall:

c) Nach der Eheschließung mußte die Ehefrau feststellen, daß ihr Mann ein haltloser Geselle war. Wie abzusehen, wurde er infolge dauernder Diebereien zu „ewiger Haft" verurteilt. Sie blieb lange Zeit allein und bat schließlich den Landesherren um ein Scheidungsurteil wegen böswilligen Verlassens; sie könne und wolle als Frau nicht mehr ohne einen Mann bleiben. Das Begehren wurde ihr mehrfach abgeschlagen. Auf entsprechende Anfrage hatten aber Theologen und Juristen ihren Standpunkt für rechtens erklärt. Entgegen der landesherrlichen Entscheidung sah sie sich zur Selbsthilfe berechtigt und ließ sich mit einem anderen Mann ein, dem sie erklärte, ihr erster Mann sei gestorben. Mit diesem zweiten Mann schloß sie dann auch an einem anderen Orte die Ehe. Zwei Kinder waren bereits geboren, als der Strafrichter eingriff.

Derartige Sachverhalte ließen die Reformer zweifeln, ob die Regelstrafe der Enthauptung angemessen sei. Die *poena gladii* hatte noch im 17. Jahrhundert als Bigamiestrafe allgemein Geltung, unabhängig davon, ob das Reichsrecht, das Territorialrecht oder das *ius commune* herangezogen wurden[231]. Aber die Rechtslage war alles andere als klar[232]. Daß man sich auf einer unsicheren Rechtsgrundlage bewegte, mußte auch der berühmteste Strafrechtler seiner Zeit, Benedict Carpzov[233], einräumen. In vielen akademischen Disputen wurde die Bigamiestrafe ausgebreitet. Eine wesentliche Quelle der Unsicherheit war ausgerechnet die Carolina selbst und zwar die hier einschlägigen Artikel 120[234] und 121[235]. Das strafrechtliche Problem lag in der Auslegung des „kaiserlichen Rechts", auf das sich diese Artikel bezogen: In Art. 121 wurde die Bigamie als eine Art von Ehebruch bezeichnet, die noch verwerflicher sei als das Grunddelikt; obwohl das kaiserliche

230 Vgl. dazu Ämilius Ludwig Richter, Beiträge zur Geschichte des Ehescheidungsrechts der evangelischen Kirche, Berlin 1858.

231 Vgl. Carpzov, Practica nova, Pars II Quaestio LXVI; *ders.*, Iurisprudentia forensis Romano-Saxonica ..., Francofurti ad Moenum 1688, Pars IV Constitutio XX; Matthias Stephani, Caroli Quinti Constitutiones publicorum iudicorum ..., Brunsvigae 1661, art. CXXI; David Mevius, Commentarii in ius Lubecense libri quinque ..., Francofurti et Lipsiae 1700 (4. Aufl.), pars IV tit. VI. art. I. (entwickelt den *usus communis* der Schwertstrafe).

232 Johann Paul Kress, Commentatio Succincta in Constitutionem Criminalem Caroli V Imperatoris ..., Hannoverae 1744, notae ad art. 121, § 4.

233 Carpzov, Practica nova, 1. c.

234 Art. 120 Straff des Ehebruchs: Item so eyn ehemann eynen anderen vmb des ehebruchs willen, den er mit seinem eheweib verbracht hat, peinlich beklagt vnd des überwindet, der selbig ehebrecher sampt der ehebrecherin sollen nach sage vnser vorfarn, vnd vnser Keyserlichen rechten gestrafft werden. Item daß es auch gleicherweiß in dem fall, so eyn eheweib jren mann, oder die person, damit der ehebruch volnbracht hett, beklagen will, gehalten werden soll.

235 Vgl. S. 13.

Recht die Doppelehe nicht mit einer Lebensstrafe bedrohte, sollte doch die Bigamie nicht geringer als der Ehebruch peinlich bestraft werden. Gemäß Art. 120 war die Strafe für Ehebruch (gleich für Mann und Frau) ebenfalls dem „kaiserlichen Recht" zu entnehmen. Nach damals herrschender Anschauung bedrohte das römische Recht den Ehebrecher mit dem Tode. Wie ließ sich das nun zusammenreimen? Das geringere Verbrechen wird nach römischem (kaiserlichem) Recht schwerer bestraft als das qualifizierte, und wegen der Qualifikation soll das schwerere Verbrechen nicht weniger bestraft werden als das geringere.

Folglich ist nicht wenig über die Quellenlage nach römischem Recht gerätselt worden[236]. Laut THOMASIUS hat das römische Recht für die *polygamia virilis* nicht die *poena adulterii*, sondern die *poena stupri* vorgesehen, da nach Auffassung des römischen Rechts ein Ehebruch nur mit der Frau eines anderen Mannes begangen werden konnte[237]. Geht man von der Carolina aus, die für Doppelehe die Ehebruchstrafe und nicht die Bigamiestrafe des kaiserlichen (römischen) Rechts heranzieht, dann kommt es auf die quellenmäßige Feststellung der *poena adulterii* des römischen Rechts an. Da gab es aber wenig Gewißheiten. THOMASIUS hat die einzelnen Belegstellen überprüft[238]: Als sicher war anzusehen, daß die *lex Iulia de adulteriis* weder für das *adulterium* noch für das *stuprum* die *poena capitalis* angeordnet hat[239]. Hingegen scheint sich in der Zeit Konstantins d. Gr. die Todesstrafe für Ehebrecher durchgesetzt zu haben *(„sacrilegos autem nuptiarum gladio puniri oportet")*[240], aber die Quellenlage blieb undurchsichtig. Wenn vor Justinian die Kapitalstrafe bei Ehebruch gebräuchlich war, dann hat Justinian das selbst wieder abgewandelt[241]. Wie auch immer die Quellen tatsächlich zu deuten waren, für THOMASIUS[242] und LEYSER[243] konnten solche Unbestimmtheiten nicht geeignet sein, die Androhung und den Vollzug der Schwertstrafe *(poena gladii)* zu rechtfertigen[244].

236 THOMASIUS, de crimine bigamiae, § 62 ss; MICHAEL HEINRICH GRIBNER, De intercessione coniugum in delictis carnis inprimis in crimine bigamiae ..., Vitembergae 1711, cap. II; JOHANN SAMUEL FRIEDRICH BOEHMER, Meditationes in Constitutionem criminalem Carolinam ..., Halae Magdeburgicae 1774, art. CXXI § IV, JOHANNES DAVID ZEISIUS, Disquisitio iuridica inauguralis de Bigamia eiusque effectibus iuris occasione analysis L. Eum qui 18. C. ad L. Jul. de Adulter., Argentorati 1703.

237 THOMASIUS, de crimine bigamiae, 1. c.

238 THOMASIUS, de crimine bigamiae, 1. c.

239 C. 9.9.18,19; ferner C. 1.9.7; C. 5.5.2.

240 C. 9.9.30 § 1.

241 Vgl. Nov. 134 c. 10.

242 Vgl. oben Anm. 236.

243 Zu Leyser vgl. K. LUIG, Richterkönigtum und Kadiiurisprudenz im Zeitalter von Naturrecht und usus modernus: Augustin Leyser (1683–1752), in: Das Profil des Juristen in der europäischen Tradition, hg. v. K. LUIG u. D. LIEBS, Ebelsbach 1980, S. 295–333; *ders.*, Universales Recht und partikulares Recht in den „Meditationes ad Pandectas" von Augustin Leyser, in: Diritto commune e diritti locali nella storia dell' Europa, Milano 1980, S. 27–48.

244 Vgl. ferner S. F. BOEHMER, Meditationes, art. CXXI § IX.

Die bisherige Praxis wurde nicht direkt in Frage gestellt, vielmehr sollten die Reformen behutsam, nur mittelbar zum Zuge kommen. THOMASIUS ließ der Dissertation *„de crimine bigamiae"* die Dissertation *„de bigamiae praescriptione"* folgen: darin trat er, entgegen der bisherigen Auffassung, für eine kurze Verjährung ein, als Präskriptionsfrist wurden lediglich fünf Jahre (entsprechend der *lex Iulia de adulteriis*) vorgesehen[245]. LEYSER wählte hingegen einen materiellen Gesichtspunkt[246]: Die Bigamie weist in ihrer ausgeprägten Verwirklichungsform zwei Elemente auf, einerseits geht es um den sexuellen Aspekt, die zweifache (bzw. drei- oder mehrfache) Geschlechtsgemeinschaft, andererseits kommt ein Betrug hinzu[247]. Opfer des Betruges ist zunächst der zweite Ehegatte, dem der Bigamist vorspiegelt, daß er ledig oder verwitwet sei, um damit den Ehekonsens zu erschleichen. Die Betrugshandlung ist aber auch gegenüber dem den Eheabschluß vollziehenden Priester (!) möglich. Der Betrug erfordert *dolus malus.* Irrtum über die Sach- und Rechtslage, aber auch die Annahme, rechtens zu handeln, schließen diese Qualifikationsstufe aus. Nach LEYSER ist nur dann das *ultimum supplicium* anwendbar, wenn beides zusammenkommt, Doppelehe *und* Betrug; liegt hingegen nur eine schlichte Polygamie (bloße Doppelehe) vor, ist lediglich eine mildere Strafe verwirkt. Keine der vorab genannten Fallgestaltungen würde somit nach LEYSER mangels *dolus malus* die äußerste Härte des Gesetzes als angemessen erscheinen lassen.

VIII.

Große Namen und charakteristische Phasen weist im 18. Jahrhundert in Deutschland die Naturrechtsentwicklung auf[248]. Da ist einmal zu nennen die späte Blüte und Überwindung des alten Vernunftrechts bei THOMASIUS und seinen Nachfolgern, dann zum andern die imponierend aufstrebende, spröde Axiomatik WOLFFS und seiner Schüler, und schließlich das leuchtende, alles Bisherige überstrahlende Finale in der *„aetas Kantiana".* Doch auf die Polygamiediskussion hat diese Blütezeit wenig befruchtend gewirkt, wiewohl sie keineswegs aufhörte. Ganz im Gegenteil, trotz der recht geringen Bedeutung der Polygamiefrage für das positive Recht und für eine wirklichkeitsbezogene Rechtswissenschaft können wir eine beachtliche *quantitative* Zunahme einschlägiger Belege verzeichnen. Doch hatten die

[245] CHRISTIAN THOMASIUS, Dissertatio iuridica de bigamiae praescriptione, von Verjährung der zwiefachen Ehe ..., Lipsiae 1685, § 24 ss.

[246] AUGUSTIN LEYSER, Disputatio iuridica de Polygamia, Von der Viel-Weiberey ..., Vitembergae 1736.

[247] LEYSER, Disputatio de Polygamia, VII.

[248] Vgl. zum Ganzen CH. LINK, Herrschaftsordnung und bürgerliche Freiheit; D. KLIPPEL, Politische Freiheit und Freiheitsrechte im deutschen Naturrecht des 18. Jahrhunderts, Paderborn 1976; E. HELLMUTH, Naturrechtsphilosophie und bürokratischer Werthorizont. Studien zur preußischen Geistes- und Sozialgeschichte des 18. Jahrhunderts, Göttingen 1985.

Thomasianer (z. B. SCHMAUSS) auf diesem Felde ebenso wenig Originelles zu bieten wie WOLFF und die Wolffianer (z. B. DARJES, NETTELBLADT). Gegen Ende des Jahrhunderts kam es dann zu einer Popularisierung des Naturrechts[249], die geradezu eine Schwemme von Naturrechtssystemen hervorrief; manches davon wird dem Umfeld KANTS zugerechnet. Auch dieser große Name kann nicht darüber hinwegtäuschen, daß im überwiegenden Teil des Schrifttums eine geistige Auszehrung spürbar wird, die nur noch einen Restbestand vermeintlich verbundener Axiome, Prinzipien und Leerformeln übrigließ. Von der großen Tradition des profanen Naturrechts, das in der Auseinandersetzung zwischen Moraltheologie, Sozialphilosophie, Herrschaftsethik und sprengenden aufklärerischen Strömungen geformt worden war, blieb schließlich wenig bis nichts. Weithin dokumentieren die Naturrechtslehrbücher (Naturrechtssysteme), meist Sammlungen vager Vernunftformeln, das Unverständnis für die ursprünglichen theologischen und philosophischen Grundsatzfragen des älteren Naturrechts. Nicht zuletzt wird das deutlich an der Art und Weise, wie das allerorten traktierte Polygamieproblem bemüht wird. Die Versuche, die Zulässigkeit der *polygamia simultanea* nach voraussetzungslosen, per se gültigen Vernunftgründen zu beurteilen, waren z. T. nicht nur absurd, sondern hatten auch bisweilen sprachlich und sachlich groteske Folgen. Vor allem fehlten die Bezugslinien, die zu den Auseinandersetzungen zwischen *ius naturale* und *ius divinum*, zwischen *ratio* und *revelatio* hinführten, die vormals den Rang des Polygamieproblems im Kontext wissenschaftlicher Demonstrationen verdeutlicht hatten.

ADAM FRIEDRICH GLAFEY[250] begründete umständlich in seinem langatmigen „Recht der Vernunft", daß das Recht der *primaeva institutio* gegen Polygamie und Scheidung gerichtet sei; ihm ging es vornehmlich um den Nachweis, daß die allen Völkern promulgierten Gebote des Anfangs „zu einem wirklich Gesetze geworden" seien[251]. JOHANN JAKOB SCHMAUSS (1690–1757) erklärte hingegen lakonisch, daß das Naturrecht dem Geschlechtstrieb überhaupt keine Grenzen auferlege, erlaubt sei, was beiden Eheleuten gefällt: „Es kommt auf beyder freyen Willen an ..."[252]. Mithin gestatte das Naturrecht alle nur denkbaren Geschlechtsverbindungen wie freie Liebe, Prostitution, Konkubinat, Inzest und Polygamie in allen Formen. Weitaus ernster behandelte der Begründer der preußischen Pflichtethik CHRISTIAN WOLFF (1679–1754)[253] das Polygamieproblem[254]. Der Zweck der Ehe,

249 KLIPPEL, Politische Freiheit, S. 178ff.

250 ADAM FRIEDRICH GLAFEY, Recht der Vernunft, so wohl unter einzelnen Menschen als ganzen Völkern ..., Frankfurt und Leipzig 1732, Buch II, I. Cap. § 274ff.

251 GLAFEY, Recht der Vernunft, § 275.

252 JOHANN JACOB SCHMAUSS, Neues Systema des Rechts der Natur, Göttingen 1754, Buch III, II. Cap. § X.

253 Vgl. dazu jetzt W. SCHNEIDERS (Hg.), Christian Wolff 1679–1754, Hamburg 1983.

254 Vgl. auch DUFOUR, Le mariage (Anm. 184), S. 380ff.

die „Erzeugung und Erziehung der Kinder“[255], sei am besten durch die Monogamie zu erfüllen, folglich widerstreite die Polygamie dem Naturrecht; wird die Polygamie gar „der Wollust wegen“ eingegangen, „so ist sie offenbar unerlaubt“[256]. JOACHIM DARJES (1714–1791)[257] fand im absoluten Naturrecht kein Polygamieverbot, da es bei ihr keineswegs um eine Handlungsweise gehe, durch die das Naturrecht schlechthin verletzt werde, doch sollte die Polygamie wohl nach dem hypothetischen Naturrecht unerlaubt sein, da sie der „gegenwärtigen“, also historisch gewachsenen Verfassung der Menschheit widerspreche. Wo es aber um die bürgerliche Verfassung geht, handelt es sich um eine Angelegenheit, die durch die Zivilgesetze geordnet werden kann. Folglich kann der Fürst vom Polygamieverbot des hypothetischen Naturrechts dispensieren, denn es ist ja nur ein Gesetz betroffen, das die natürliche Freiheit um des gemeinen Nutzens willen begrenzt. Auch DANIEL NETTELBLADT (1719–1791) ordnete den Vorrang der Monogamie dem „hypothetischen Naturgesetze“ zu. Darüber hinaus deutete er ein grundsätzliches Dilemma aller vernunftrechtlichen Deduktionen an, wenn er schlicht und offen auf die „Schwierigkeit“ hinwies, die „Unrechtmäßigkeit der Vielweiberey ... zu beweisen“[258]. GOTTFRIED ACHENWALL (1719–1772) bezeichnete die dauerhafte Monogamie als die beste Eheform; denn *„teste experientia et iudice ratione“* sei erwiesen, daß der Ehezweck des *„mutuum in omnibus vitae casibus adiutorium“* besser durch eine monogame Verbindung zu erreichen sei[259].

Gegen Ende des 18. Jahrhunderts bleibt von der einst so problemgeladenen Polygamiediskussion kaum mehr als ein Austausch von Stereotypen. Abgegriffene, ständig wiederkehrende Formeln herrschen vor, der eigene Standort des Autors wird, wenn überhaupt, nur in rudimentären Begründungssätzen deutlich.

Nach WILHELM GOTTFRIED TAFINGER ist nur aus Gründen der „Sittlichkeit“ ein bürgerliches Verbotsgesetz gegen die Polygamie möglich[260] und laut JOHANN HEINRICH ABICHT ist die „eheliche Gesellschaft“ auch als Polygynie oder auch als Polyandrie möglich, keine dieser Polygamieformen sei „an sich“ widerrechtlich und zu verbieten[261]. Noch weiter geht dann KARL HEINRICH HEYDENREICH, der meint: „Eine Ehe kann geschlossen werden von so vielen Personen beyderley Geschlechts, als ihrer sich zu gleichem Zwecke vereinigen können, ohne die Realisierung desselben unmöglich zu machen“[262]. GOTTLIEB HUFELAND bestätigt, daß

255 CHRISTIAN WOLFF, Grundsätze des Natur- und Völkerrechts, Halle 1754, § 855.
256 WOLFF, Grundsätze, § 857.
257 JOACHIM GEORG DARJES, Discours über ein Natur- und Völkerrecht II, Jena 1763, S. 835ff.
258 DANIEL NETTELBLADT, Anfangsgründe der natürlichen Rechtsgelehrsamkeit, Halle 1779, § 473.
259 GOTTFRIED ACHENWALL, Ius Naturae, Gottingae 1774, lib. II sect. II tit. I § 46.
260 WILHELM GOTTFRIED TAFINGER, Lehrsätze des Naturrechts, Tübingen 1794, § 436.
261 JOHANN HEINRICH ABICHT, Kurze Darstellung des Natur- und Völkerrechts, Bayreuth 1795, § 137.
262 KARL HEINRICH HEYDENREICH, System des Naturrechts nach kritischen Prinzipien II, Leipzig 1795, S. 171.

sich von keiner der Polygamiearten „ganz allgemeinschädliche Folgen zeigen lassen, vielmehr fast jede unter gewissen Umständen sogar gute Folgen haben kann“[263]. JOHANN CHRISTIAN CARL RÜDIGER erklärt Polygynie und Polyandrie gleichermaßen für „erlaubt und gültig“, da beide „der menschlichen Natur gemäß und von guten Folgen seyn können“[264], und JOHANN GOTTLIEB BUHLE meint, daß Polygynie und Polyandrie rechtlich möglich seien, wenn die „Pascienten“ sie wollen, und ganz grundsätzlich formuliert er: „Daß die Polygamie widerrechtlich sey, kann nie erwiesen werden. Selbst ihre Immoralität läßt sich nicht schlechthin behaupten“[265]. Eine ähnliche Auffassung findet sich bei LUDWIG JULIUS FRIEDRICH HÖPFNER, der weder in der „Vielmännerey“ noch in der „Vielweiberey“ einen Verstoß gegen das „äußerliche Recht“ sieht und für den nicht beweisbar ist, daß beide Polygamiearten „schlechterdings und in allen Fällen mit der Moral streiten“. Seine Begründung ist recht kurios, aber typisch für die ganze Gattung: „Nur in dem Fall, wo Jemand so viele Weiber nehmen wollte, daß für die andern keine übrig bleiben würden, dürfen sich diese widersetzen“[266]. JOHANN CHRISTIAN HOFFBAUER ist wenigstens darum bemüht, zwischen Polygynie und Polyandrie zu differenzieren, die Polyandrie sei grundsätzlich widerrechtlich, die Polygynie aber nur dann, wenn sich der Mann gegenüber der ersten Frau zur Monogamie verpflichtet hatte[267]. Angemerkt sei, daß sich eine ähnliche Differenzierung auch bei THEODOR GOTTFRIED VON HIPPEL (1741–1796) findet. Dieser verdiente Stadtpräsident von Königsberg, Freund HAMANNS und KANTS, der ihn einen „Plan- und Zentralkopf“ nannte, trat als erster in Deutschland für die Gleichberechtigung der Frau ein. Anonym veröffentlichte der notorische Junggeselle, der auch als Begründer des deutschen humoristischen Romans gilt, 1774 sein Buch „Über die Ehe“, dessen Autorschaft dem jungen Goethe zugeschrieben wurde. In diesem z. T. uns heute noch „modern“ anmutenden, reizvollen Werk der Spätaufklärung heißt es: „Die Polygynie ist nicht rathsam, die Polyandrie ist das schwärzeste Laster, das in der Welt ist“[268]. KARL HEINRICH VON GROS schließlich unterschied zwischen den moralischen Zwecken der Ehe und der natürlichen Rechtmäßigkeit; nach ihm gründen

263 GOTTLIEB HUFELAND, Lehrsätze des Naturrechts, Jena 1795, § 359.

264 JOHANN CHRISTIAN CARL RÜDIGER, Lehrbegriff des Vernunftrechts und der Gesetzgebung, Halle 1798, § 177.

265 JOHANN GOTTLIEB BUHLE, Lehrbuch des Naturrechts, Göttingen 1798, §§ 268, 269.

266 LUDWIG JULIUS FRIEDRICH HÖPFNER, Naturrecht des einzelnen Menschen, der Gesellschaften und der Völker, Darmstadt 1806, § 155.

267 JOHANN CHRISTIAN HOFFBAUER, Naturrecht aus dem Begriffe des Rechts entwickelt, 4. Aufl., Merseburg 1825, §§ 405, 406.

268 THEODOR GOTTFRIED VON HIPPEL, Über die Ehe, herausgegeben, mit Anmerkungen und einem Nachwort versehen v. W. M. FAUST, Stuttgart 1972, S. 39; zu von Hippel vgl. das Nachwort „Leben und Aufklärungen des Theodor Gottlieb von Hippel“, S. 99–106.

sich die Polygamieverbote des positiven Gesetzes legitimerweise nur auf den moralischen Zweck, nicht aber auf das Naturrecht[269].

Wohin solche abstrakte Weltvernünftigkeit schließlich führte, zeigt bündig die Ehedefinition des Jenaer Philosophieprofessors CARL CHRISTIAN ERHARD SCHMID, der 1795 in seinem „Grundriß des Naturrechts" schrieb: „Ehe (matrimonium) in rechtlichem Sinne ist eine rechtmäßige Gesellschaft zwischen Personen beyderley Geschlechts zu wechselseitiger Befriedigung des Geschlechtstriebs"[270]. Diese Definition ließ sich mühelos sowohl auf monogame wie auf polygame Verbindungen beziehen, wohingegen KANT in seiner berühmten, von OSWALD SPENGLER allerdings als „unflätig"[271] bezeichneten Definition der Ehe ausdrücklich auf „die Verbindung zweier Personen verschiedenen Geschlechts zum lebenswierigen wechselseitigen Besitz ihrer Geschlechtseigenschaften"[272] abstellte. Das Polygamieproblem taucht bei KANT nur noch am Rande, in Parenthese auf. In der „Metaphysik der Sitten" heißt es, das Verhältnis der Verehelichten sei ein „Verhältnis der Gleichheit des Besitzes ... der Personen, die einander wechselseitig besitzen" und in Klammern fügt KANT hinzu „folglich nur in *Monogamie*, denn in einer Polygamie gewinnt die Person, die sich weggibt, nur einen Teil desjenigen, dem sie ganz anheim fällt und macht sich also zur bloßen Sache"[273]. KANTS „Metaphysik der Sitten" erschien 1797 in Königsberg, zunächst ihr „Erster Teil: Metaphysische Anfangsgründe der Rechtslehre". Ebenfalls in Königsberg, 1795, also kurz zuvor, war „Das natürliche Familienrecht" von THEODOR VON SCHMALZ erschienen, das wir abschließend noch erwähnen wollen, weil in ihm versucht wird, am Beispiel der Polygamie den Unterschied von Moral und Recht aufzuzeigen. Nach SCHMALZ ist vom Rechtsstandpunkt aus nichts gegen die Polygamie zu sagen, wohl aber vom Standpunkt der Moral her: „Die innere Pflicht fordert, daß die Ehe nur zwischen Einem Mann und Einer Frau eingegangen werde, und sie verbietet Polyandrie und Polygynie durchaus", die Polygamie sei „böse und übel zugleich"[274]. SCHMALZ begründet sein Urteil über die Polygamie u. a. damit, daß der Staat unter „Entvölkerung" leiden würde, und er meint: „Der große Haufen unverehelichter wird entmannt, oder fällt in empörende Laster"[275]. Das Problem möglicher „Entvölkerung" spielte, wie wir bereits eingangs sahen, auch in den Erwägungen von SVAREZ eine Rolle, als er sich im Rahmen seiner Kronprinzenvorträge der Ehe und dem

269 KARL HEINRICH VON GROS, Lehrbuch der philosophischen Rechtswissenschaft oder des Naturrechts, 4. Aufl., Stuttgart/Tübingen 1822, § 268.

270 CARL CHRISTIAN ERHARD SCHMID, Grundriß des Naturrechts, Jena/Leipzig 1795, § 261.

271 O. SPENGLER, Der Untergang des Abendlandes, Ausg. d. 47. Aufl. (1922), München 1963, S. 974f.

272 IMMANUEL KANT, Metaphysik der Sitten, hg. v. K. VORLÄNDER, Leipzig 1945, Rechtslehre, 1. Teil, 2. Hauptst., 3. Abschn., § 24, S. 91.

273 KANT, Metaphysik der Sitten, Rechtslehre, § 26, S. 92f.

274 THEODOR VON SCHMALZ, Das natürliche Familienrecht, Königsberg 1795, § 5.

275 SCHMALZ, 1. c.

Polygamieproblem zuwandte. Beim Polygamieverbot ging es für SVAREZ nicht mehr um eine Frage abstrakter Naturrechtsprinzipien, sondern letztlich nur noch um eine Erwägung vernünftiger Gesetzgebungspolitik. SVAREZ votierte ausdrücklich für das Polygamieverbot, das er als „sehr weises und wichtiges Staatsgesetz" bezeichnete, fügte indes hinzu, es sei „keinem Zweifel unterworfen, daß in außerordentlichen Fällen der Landesherr davon dispensieren könne"[276].

Der Hinweis des SVAREZ auf den Landesherren und Gesetzgeber hat seinen zeitgeschichtlichen Reiz und Hintergrund. Schwer vorstellbar, daß der Schöpfer des Allgemeinen Landrechts, der 1791 seine Vorlesungen für den Kronprinzen, den späteren König Friedrich Wilhelm III., aufnahm, bei seinen Ausführungen über das Polygamieproblem nicht lebhaft an seinen eigenen Landesherren und Gesetzgeber, Preußens König Friedrich Wilhelm II., dachte, der in Sachen Polygamie durchaus praktische Erfahrungen hatte, ging er doch gleich zweimal eine Doppelehe ein: 1786 mit Julie von Voß und nach deren Tod (1789) mit Gräfin Sophie Juliane Dönhoff[277], deren außenpolitische Ambitionen 1793 den König veranlaßten, die Verbindung mit ihr abzubrechen. Als SVAREZ seine Kronprinzenvorlesungen hielt, lebte also der Vater des Kronprinzen in einer polygamen Verbindung. Erklärt das die auf Mißbilligung und Tolerierung im Ausnahmefall gleichermaßen bedachte Beurteilung des Svarez? Diese unsere Annahme ist nicht ganz von der Hand zu weisen.

Die Doppelehe des hessischen Landgrafen drohte im 16. Jahrhundert Reich und Reformation zu erschüttern, die Doppelehen des preußischen Herrschers haben Entrüstung und Gerede, aber keine theologischen oder juristischen Diskussionen von Belang mehr ausgelöst. Bei der fatalen Zweiteheschließung des hessischen Landgrafen waren immerhin MELANCHTHON und BUCER zugegen, LUTHER hatte zugestimmt. Als der Nachfolger Friedrichs d. Großen die schöne Hofdame Julie von Voß heiratete, vollzog in der Charlottenburger Schloßkapelle der Diakon an St. Marien, Johann Friedrich Zöllner, die Trauung zur linken Hand. Und wenn die Nachwelt sich daran erinnert, so wohl nur darum, weil THEODOR FONTANE in seinen „Wanderungen durch die Mark Brandenburg" der Julie von Voß anläßlich seiner Schilderung von Schloß und Park Buch so mitfühlend gedachte[278]. Der Verweis auf die Doppelehe Philipps von Hessen findet sich bei Fontane in einer aufschlußreichen Anmerkung: „In der Regel wird bei dieser Gelegenheit versichert, diese ‚Trauung sei seitens des Berliner Konsistoriums und zwar unter Berufung auf die von Melanchthon erlaubte Doppelehe Philipps des Großmütigen von Hessen

[276] Vorträge über Recht und Staat (Anm. 5), S. 320.

[277] Vgl. dazu G. HEINRICH, Geschichte Preußens. Staat und Dynastie, Berlin 1984, S. 257.

[278] THEODOR FONTANE, Wanderungen durch die Mark Brandenburg, 4. Bd. Spreeland (2. Abt. Bd. XII der Nymphenburger Ausgabe), hg. v. E. GROSS, 3. Aufl., München 1969, S. 151ff, vgl. hier vor allem S. 161ff.

für zulässig erklärt worden'. Die stete Wiederkehr dieser Versicherung hat den Konsistorialpräsidenten Hegel veranlaßt, unterm 27. April 1876 eine Erklärung abzugeben, in der ausgesprochen wird, ‚daß weder die gründlichsten Recherchen in der Registratur des Königlichen Konsistoriums, im Geheimen Staats-Archiv, im Geheimen Ministerial-Archiv und Königlichen Haus-Archiv, noch auch anderweite Forschungen und Erkundigungen irgend etwas zur Begründung obiger Ansicht (Gutheißung der Trauung durch das Konsistorium) ergeben hat. Es läßt sich in der Tat annehmen, daß Leopold von Ranke das Richtige getroffen hat, als er in seinem Werke ‚Die deutschen Mächte und der Fürstenbund. Deutsche Geschichte von 1780–1790' wörtlich sagt: ‚In neueren Zeiten ist die Behauptung aufgetaucht, das Konsistorium habe in aller Form seine Einwilligung zu dieser Verbindung ausgesprochen; vergeblich hat man nach einem Aktenstück dieser Art gesucht; wahrscheinlich ist dabei der Kreis privater Besprechung nicht überschritten worden'"[279].

Ganz abgesehen davon, daß die theoretischen Polygamieerörterungen sich am Ende eines langen Weges festgefahren hatten, und daß dafür im aufkommenden romantischen Eheideal mit seiner gefühlsbeladenen Dominanz inniger Zweisamkeit kein Platz mehr sein konnte, war man in Preußen bestrebt, über die als peinlich empfundenen Doppelehen den Mantel des Schweigens zu breiten. Etwas von diesem Bestreben vermeinen wir noch bei Fontane zu verspüren, wenn er, auf den Spuren der Julie von Voß, über seinen Besuch im Park von Schloß Buch schreibt: „Überall in Buch begegnet man den Spuren der schönen Gräfin, aber nirgends ihrem Namen. Wie in Familien, wo das Lieblingskind starb, Eltern und Geschwister übereinkommen, den Namen desselben nie mehr auszusprechen, so auch hier. Eine Gruft ist da, aber es fehlt der Stein; aus reichem goldenen Rahmen heraus blickt ein Frauenbild, aber die Kastellanin nennt den Namen nicht und nur das Wappen zu Füßen des Bildes gibt einen wenigstens andeutungsweisen Aufschluß. Und nun treten wir von dem Bilde hinweg und noch einmal in den Park hinaus. Eine seiner dunklen Alleen führt an einen abgeschiedenen Platz, auf dem Edeltannen ein Oval bilden. Inmitten erhebt sich ein Monument mit einem Reliefbild in Front: der Engel des Todes hüllt eine Sterbende in sein Gewand und ihr Antlitz lächelt, während ein Kranz von Rosen ihrer Hand entsinkt. ‚Soror optima, amica patriae', so lautet die Inschrift. Aber der Name der geliebten Schwester fehlt"[280].

[279] Fontane, Wanderungen, S. 166.
[280] Fontane, Wanderungen, S. 170.

Veröffentlichungen der Rheinisch-Westfälischen Akademie der Wissenschaften

Neuerscheinungen 1976 bis 1988

Vorträge G Heft Nr.		GEISTESWISSENSCHAFTEN
215	*Bruno Lewin, Bochum*	Der koreanische Anteil am Werden Japans
216	*Tilemann Grimm, Tübingen*	Meister Kung. Zur Geschichte der Wirkungen des Konfuzius
217	*Harald Weinrich, Bielefeld*	Für eine Grammatik mit Augen und Ohren, Händen und Füßen – am Beispiel der Präpositionen
218	*Roman Jakobson, Cambridge, Mass.*	Der grammatische Aufbau der Kindersprache
219	*Jan Öberg, Stockholm*	Das Urkundenmaterial Skandinaviens Bestände, Editionsvorhaben, Erforschung
220	*Werner Beierwaltes, Freiburg i. Br.*	Identität und Differenz. Zum Prinzip cusanischen Denkens
221	*Walter Hinck, Köln*	Vom Ausgang der Komödie. Exemplarische Lustspielschlüsse in der europäischen Literatur
222	*Heinz Hürten, Freiburg i. Br.*	Reichswehr und Ausnahmezustand. Ein Beitrag zur Verfassungsproblematik der Weimarer Republik in ihrem ersten Jahrfünft
223	*Bernhard Kötting, Münster*	Religionsfreiheit und Toleranz im Altertum Jahresfeier am 18. Mai 1977
224	*Karl J. Narr, Münster*	Zeitmaße in der Urgeschichte
225	*Karl Eduard Rothschuh, Münster*	Iatromagie: Begriff, Merkmale, Motive, Systematik
226	*Samuel R. Spencer jr., Davidson*	Die amerikanische Stimmung im Jahr des Janus
227	*Paul Mikat, Düsseldorf*	Dotierte Ehe – rechte Ehe. Zur Entwicklung des Eheschließungsrechts in fränkischer Zeit
228	*Herbert Franke, München*	Nordchina am Vorabend der mongolischen Eroberungen: Wirtschaft und Gesellschaft unter der Chin-Dynastie (1115–1234)
229	*András Mócsy, Budapest*	Zur Entstehung und Eigenart der Nordgrenzen Roms
230	*Heinrich Dörrie, Münster*	Sinn und Funktion des Mythos in der griechischen und der römischen Dichtung
231	*Jean Bingen, Brüssel*	Le Papyrus Revenue Laws – Tradition grecque et Adaptation hellénistique
232	*Niklas Luhmann, Bielefeld*	Organisation und Entscheidung
233	*Louis Reekmans, Leuven*	Die Situation der Katakombenforschung in Rom
234	*Josef Pieper, Münster*	Was heißt Interpretation?
235	*Walther Heissig, Bonn*	Die Zeit des letzten mongolischen Großkhans Ligdan (1604–1634)
236	*Alf Önnerfors, Köln*	Die Verfasserschaft des Waltharius-Epos aus sprachlicher Sicht
237	*Walther Heissig, Bonn*	Die mongolischen Heldenepen – Struktur und Motive
238	*Günther Stökl, Köln*	Osteuropa – Geschichte und Politik Jahresfeier am 23. Mai 1979
239	*Wilhelm Weber, Münster*	Geld, Glaube, Gesellschaft
240	*Giovanni Nencioni, Florenz*	Lessicografia e Letteratura Italiana
241	*Arno Esch, Bonn*	Zur Situation der zeitgenössischen englischen Lyrik
242	*Otto Pöggeler, Bochum* *Heinz Breuer, Bonn*	Fragen der Forschungspolitik
243	*Klaus Stern, Köln*	Verfassungsgerichtsbarkeit zwischen Recht und Politik
244	*Klaus W. Niemöller, Münster*	Der sprachhafte Charakter der Musik
245	*Jürgen Untermann, Köln*	Trümmersprachen zwischen Grammatik und Geschichte
246	*Clemens Menze, Köln*	Leibniz und die neuhumanistische Theorie der Bildung des Menschen
247	*Helmut Schelsky, Münster*	Die juridische Rationalität
248	*Ulrich Scheuner, Bonn*	Der Beitrag der deutschen Romantik zur politischen Theorie
249	*Georg Kauffmann, Münster*	Zum Verhältnis von Bild und Text in der Renaissance
250	*Rudolf Kassel, Köln*	Dichtkunst und Versifikation bei den Griechen
251	*Hans Schadewaldt, Düsseldorf*	Idiosynkrasie, Anaphylaxie, Allergie, Atopie – Ein Beitrag zur Geschichte der Überempfindlichkeitskrankheiten
252	*Walter Hinck, Köln*	Haben wir heute vier deutsche Literaturen oder *eine?* Plädoyer in einer Streitfrage Jahresfeier am 13. Mai 1981

253	*Heinz Gollwitzer, Münster*	Vorüberlegungen zu einer Geschichte des politischen Protestantismus nach dem konfessionellen Zeitalter
254	*Martin Honecker, Bonn*	Evangelische Theologie vor dem Staatsproblem
255	*Paul Mikat, Düsseldorf*	Rechtsprobleme der Schlüsselgewalt
256	*Ernst Dassmann, Bonn*	Paulus in frühchristlicher Frömmigkeit und Kunst
257	*Reinhold Merkelbach, Köln*	Weihegrade und Seelenlehre der Mithrasmysterien
258	*Bruno Lewin, Bochum*	Sprachbetrachtung und Sprachwissenschaft im vormodernen Japan
259	*Boris Meissner, Köln*	Das Verhältnis von Partei und Staat im Sowjetsystem
260	*Hans-Rudolf Schwyzer, Zürich*	Ammonios Sakkas, der Lehrer Plotins
261	*Eugen Ewig, Bonn*	Die Merowinger und das Imperium
262	*Armin Kaufmann, Bonn*	Die Aufgabe des Strafrechts
263	*Gerard Verbeke, Leuven*	Avicenna, Grundleger einer neuen Metaphysik
264	*Roger Goepper, Köln*	Das Kultbild im Ritus des esoterischen Buddhismus Japans
265	*Paul Mikat, Düsseldorf*	Zur Diskussion um die Lehre vom Vorrang der effektiven Staatsangehörigkeit
266	*Gerhard Kegel, Köln*	Haftung für Zufügung seelischer Schmerzen
		Jahresfeier am 11. Mai 1983
267	*Hans Rothe, Bonn*	Religion und Kultur in den Regionen des russischen Reiches im 18. Jahrhundert
268	*Paul Mikat, Düsseldorf*	Doppelbesetzung oder Ehrentitulatur – Zur Stellung des westgotisch-arianischen Episkopates nach der Konversion von 587/89
269	*Andreas Kraus, München*	Die *Acta Pacis Westphalicae*
270	*Gerhard Ebeling, Zürich*	Lehre und Leben in Luthers Theologie
271	*Theodor Schieder, Köln*	Über den Beinamen „der Große“ – Reflexionen über historische Größe
272	*J. Nicolas Coldstream, London*	The Formation of the Greek Polis: Aristotle and Archaeology
273	*Walter Hinck, Köln*	Das Gedicht als Spiegel der Dichter. Zur Geschichte des deutschen poetologischen Gedichts
274	*Erich Meuthen, Köln*	Das Basler Konzil als Forschungsproblem der europäischen Geschichte
275	*Hansjakob Seiler, Köln*	Sprache und Gegenstand
276	*Gustav Adolf Lehmann, Köln*	Die mykenisch-frühgriechische Welt und der östliche Mittelmeerraum in der Zeit der „Seevölker“-Invasionen um 1200 v. Chr.
277	*Andreas Hillgruber, Köln*	Der Zusammenbruch im Osten 1944/45 als Problem der deutschen Nationalgeschichte und der europäischen Geschichte
278	*Niklas Luhmann, Bielefeld*	Kann die moderne Gesellschaft sich auf ökologische Gefährdungen einstellen?
		Jahresfeier am 15. Mai 1985
279	*Joseph Ratzinger, Rom*	Politik und Erlösung. Zum Verhältnis von Glaube, Rationalität und Irrationalem in der sogenannten Theologie der Befreiung
280	*Hermann Hambloch, Münster*	Der Mensch als Störfaktor im Geosystem
281	*Reinhold Merkelbach, Köln*	Mani und sein Religionssystem
282	*Walter Mettmann, Münster*	Die volkssprachliche apologetische Literatur auf der Iberischen Halbinsel im Mittelalter
283	*Hans-Joachim Klimkeit, Bonn*	Die Begegnung von Christentum, Gnosis und Buddhismus an der Seidenstraße
284	*2. Akademie-Forum*	Technik und Ethik
	Wolfgang Kluxen, Bonn	Ethik für die technische Welt: Probleme und Perspektiven
	Rudolf Schulten, Aachen/Jülich	Maßstäbe aus der Natur für technisches Handeln
285	*Hermann Lübbe, Zürich*	Die Wissenschaften und ihre kulturellen Folgen. Über die Zukunft des *common sense*
286	*Andreas Hillgruber, Köln*	Alliierte Pläne für eine „Neutralisierung“ Deutschlands 1945–1955
287	*Otto Pöggeler, Bochum*	Preußische Kulturpolitik im Spiegel von Hegels Ästhetik
288	*Bernhard Großfeld, Münster*	Einige Grundfragen des Internationalen Unternehmensrechts
289	*Reinhold Merkelbach, Köln*	Nikaia in der römischen Kaiserzeit
290	*Werner Besch, Bonn*	Die Entstehung der deutschen Schriftsprache
291	*Heinz Gollwitzer, Münster*	Internationale des Schwertes. Transnationale Beziehungen im Zeitalter der „vaterländischen“ Streitkräfte
292	*Bernhard Kötting, Münster*	Die Bewertung der Wiederverheiratung (der zweiten Ehe) in der Antike und in der Frühen Kirche
293	*5. Akademie-Forum*	Technik und Industrie in Kunst und Literatur
	Volker Neuhaus, Köln	Vorwurf Industrie
	Klaus Wolfgang Niemöller, Köln	Industrie, Technik und Elektronik in ihrer Bedeutung für die Musik des 20. Jahrhunderts
	Hans Schadewaldt, Düsseldorf	Technik und Heilkunst
294	*Paul Mikat, Düsseldorf*	Die Polygamiefrage in der frühen Neuzeit

Sonderreihe PAPYROLOGICA COLONIENSIA

Vol. I
Aloys Kehl, Köln — Der Psalmenkommentar von Tura, Quaternio IX

Vol. II
Erich Lüddeckens, Würzburg,
P. Angelicus Kropp O. P., Klausen,
Alfred Hermann und Manfred Weber, Köln — Demotische und Koptische Texte

Vol. III
Stephanie West, Oxford — The Ptolemaic Papyri of Homer

Vol. IV
Ursula Hagedorn und Dieter Hagedorn, Köln,
Louise C. Youtie und Herbert C. Youtie, Ann Arbor — Das Archiv des Petaus (P. Petaus)

Vol. V
Angelo Geißen, Köln
Wolfram Weiser, Köln — Katalog Alexandrinischer Kaisermünzen der Sammlung des Instituts für Altertumskunde der Universität zu Köln
Band 1: Augustus-Trajan (Nr. 1–740)
Band 2: Hadrian-Antoninus Pius (Nr. 741–1994)
Band 3: Marc Aurel-Gallienus (Nr. 1995–3014)
Band 4: Claudius Gothicus – Domitius Domitianus, Gau-Prägungen, Anonyme Prägungen, Nachträge, Imitationen, Bleimünzen (Nr. 3015–3627)
Band 5: Indices zu den Bänden 1 bis 4

Vol. VI
J. David Thomas, Durham — The epistrategos in Ptolemaic and Roman Egypt
Part 1: The Ptolemaic epistrategos
Part 2: The Roman epistrategos

Vol. VII — Kölner Papyri (P. Köln)
Bärbel Kramer und Robert Hübner (Bearb.), Köln — Band 1
Bärbel Kramer und Dieter Hagedorn (Bearb.), Köln — Band 2
Bärbel Kramer, Michael Erler, Dieter Hagedorn und Robert Hübner (Bearb.), Köln — Band 3
Bärbel Kramer, Cornelia Römer und Dieter Hagedorn (Bearb.), Köln — Band 4
Michael Gronewald, Klaus Maresch und Wolfgang Schäfer (Bearb.), Köln — Band 5
Michael Gronewald, Bärbel Kramer, Klaus Maresch, Maryline Parca und Cornelia Römer (Bearb.) — Band 6

Vol. VIII
Sayed Omar (Bearb.), Kairo — Das Archiv des Soterichos (P. Soterichos)

Vol. IX — Kölner ägyptische Papyri (P. Köln ägypt.)
Dieter Kurth, Heinz-Josef Thissen und Manfred Weber (Bearb.), Köln — Band 1

Vol. X
Jeffrey S. Rusten, Cambridge, Mass. — Dionysius Scytobrachion

Vol. XI
Wolfram Weiser, Köln — Katalog der Bithynischen Münzen der Sammlung des Instituts für Altertumskunde der Universität zu Köln
Band 1: Nikaia. Mit einer Untersuchung der Prägesysteme und Gegenstempel

Vol. XII
Colette Sirat, Paris u. a. — La *Ketouba* de Cologne. Un contrat de mariage juif à Antinoopolis

Vol. XIII
Peter Frisch, Köln — Zehn agonistische Papyri

ABHANDLUNGEN

Band Nr.		
50	*Walther Heissig (Hrsg.), Bonn*	Schriftliche Quellen in Moġolī. 1. Teil: Texte in Faksimile
51	*Thea Buyken, Köln*	Die Constitutionen von Melfi und das Jus Francorum
52	*Jörg-Ulrich Fechner, Bochum*	Erfahrene und erfundene Landschaft. Aurelio de'Giorgi Bertòlas Deutschlandbild und die Begründung der Rheinromantik
53	*Johann Schwartzkopff (Red.), Bochum*	Symposium ‚Mechanoreception'
54	*Richard Glasser, Neustadt a. d. Weinstr.*	Über den Begriff des Oberflächlichen in der Romania
55	*Elmar Edel, Bonn*	Die Felsgräbernekropole der Qubbet el Hawa bei Assuan. II. Abteilung: Die althieratischen Topfaufschriften aus den Grabungsjahren 1972 und 1973
56	*Harald von Petrikovits, Bonn*	Die Innenbauten römischer Legionslager während der Prinzipatszeit
57	*Harm P. Westermann u. a., Bielefeld*	Einstufige Juristenausbildung. Kolloquium über die Entwicklung und Erprobung des Modells im Land Nordrhein-Westfalen
58	*Herbert Hesmer, Bonn*	Leben und Werk von Dietrich Brandis (1824–1907) – Begründer der tropischen Forstwirtschaft. Förderer der forstlichen Entwicklung in den USA. Botaniker und Ökologe
59	*Michael Weiers, Bonn*	Schriftliche Quellen in Moġolī, 2. Teil: Bearbeitung der Texte
60	*Reiner Haussherr, Bonn*	Rembrandts Jacobssegen Überlegungen zur Deutung des Gemäldes in der Kasseler Galerie
61	*Heinrich Lausberg, Münster*	Der Hymnus ›Ave maris stella‹
62	*Michael Weiers, Bonn*	Schriftliche Quellen in Moġolī, 3. Teil: Poesie der Mogholen
63	*Werner H. Hauss, Münster* *Robert W. Wissler, Chicago,* *Rolf Lehmann, Münster*	International Symposium 'State of Prevention and Therapy in Human Arteriosclerosis and in Animal Models'
64	*Heinrich Lausberg, Münster*	Der Hymnus ›Veni Creator Spiritus‹
65	*Nikolaus Himmelmann, Bonn*	Über Hirten-Genre in der antiken Kunst
66	*Elmar Edel, Bonn*	Die Felsgräbernekropole der Qubbet el Hawa bei Assuan. Paläographie der althieratischen Gefäßaufschriften aus den Grabungsjahren 1960 bis 1973
67	*Elmar Edel, Bonn*	Hieroglyphische Inschriften des Alten Reiches
68	*Wolfgang Ehrhardt, Athen*	Das Akademische Kunstmuseum der Universität Bonn unter der Direktion von Friedrich Gottlieb Welcker und Otto Jahn
69	*Walther Heissig, Bonn*	Geser-Studien. Untersuchungen zu den Erzählstoffen in den „neuen" Kapiteln des mongolischen Geser-Zyklus
70	*Werner H. Hauss, Münster* *Robert W. Wissler, Chicago*	Second Münster International Arteriosclerosis Symposium: Clinical Implications of Recent Research Results in Arteriosclerosis
71	*Elmar Edel, Bonn*	Die Inschriften der Grabfronten der Siut-Gräber in Mittelägypten aus der Herakleopolitenzeit
72	*(Sammelband)*	Studien zur Ethnogenese
	Wilhelm E. Mühlmann	Ethnogonie und Ethnogenese
	Walter Heissig	Ethnische Gruppenbildung in Zentralasien im Licht mündlicher und schriftlicher Überlieferung
	Karl J. Narr	Kulturelle Vereinheitlichung und sprachliche Zersplitterung: Ein Beispiel aus dem Südwesten der Vereinigten Staaten
	Harald von Petrikovits	Fragen der Ethnogenese aus der Sicht der römischen Archäologie
	Jürgen Untermann	Ursprache und historische Realität. Der Beitrag der Indogermanistik zu Fragen der Ethnogenese
	Ernst Risch	Die Ausbildung des Griechischen im 2. Jahrtausend v. Chr.
	Werner Conze	Ethnogenese und Nationsbildung – Ostmitteleuropa als Beispiel
73	*Nikolaus Himmelmann, Bonn*	Ideale Nacktheit
74	*Alf Önnerfors, Köln*	Willem Jordaens, Conflictus virtutum et viciorum. Mit Einleitung und Kommentar
75	*Herbert Lepper, Aachen*	Die Einheit der Wissenschaften: Der gescheiterte Versuch der Gründung einer „Rheinisch-Westfälischen Akademie der Wissenschaften" in den Jahren 1907 bis 1910
76	*Werner H. Hauss, Münster* *Robert W. Wissler, Chicago* *Jörg Grünwald, Münster*	Fourth Münster International Arteriosclerosis Symposium: Recent Advances in Arteriosclerosis Research

GPSR Compliance

The European Union's (EU) General Product Safety Regulation (GPSR) is a set of rules that requires consumer products to be safe and our obligations to ensure this.

If you have any concerns about our products, you can contact us on ProductSafety@springernature.com

In case Publisher is established outside the EU, the EU authorized representative is:

Springer Nature Customer Service Center GmbH
Europaplatz 3
69115 Heidelberg, Germany

Batch number: 10809636

Printed by Printforce, the Netherlands